AF389188

LES SURPRISES DE LA RHÉTORIQUE

AVANT DE COMMENCER
Télécharge ton BONUS
3 histoires inédites offertes

AVERTISSEMENT

L'auteur et l'éditeur dégagent conjointement toute responsabilité quant à d'éventuels dysfonctionnements dans l'accessibilité en ligne des extraits proposés à titre d'exemples, leur disponibilité dépendant uniquement de leurs ayants droit et de leurs hébergeurs.

Si tu n'entends pas la langue utilisée dans les vidéos, pense à actionner les sous-titres. De même, pour les textes, fais appel aux services de traduction automatique de Google ou de Deepl.

1.03. Tous droits réservés © Novembre 2023, Éric Bah, Joigny 89
ISBN E-book : 978-2-38253-054-2. Broché : 978-2-38253-089-4.
Relié : 978-2-38253-103-7. Dépôt légal : 4ᵉ trimestre 2023

Design de couverture : Lauria
Relecture et correction : Diane Com
Mise en page : Don Quichotte

Koan Éditions, 91 rue du Faubourg-Saint-Honoré 75008 Paris (France)
contact@koaneditions.com

ÉRIC BAH

LES SURPRISES DE LA RHÉTORIQUE

KOAN
EDITIONS

Du même auteur chez le même éditeur

Les Sept Cavaliers du Succès

L'Ouverture du Discours

La Structure du Discours

Le Finale du Discours

Éloquence

L'Intégrale du Discours

La Parole est au Cinéma

L'Éloquent

L'Orateur Augmenté

L'Éveil

Écrire un Discours Simplement

Wabi•Sabi

Parler en Public Simplement

5 Manières d'Attirer l'Attention

5 Manières d'Établir la Connexion

5 Manières de Susciter l'Intérêt

5 Manières de Lancer le Sujet

5 Manières de Faire Bouger

Du même auteur chez Diateino

La Mécanique du Discours

La Mise en Scène du Discours

PRÉAMBULE

D'habitude, c'est la rhétorique qui raconte des histoires. Mais pour une fois, ce sont les histoires qui vont raconter la rhétorique. *Les Surprises de la Rhétorique*, c'est : une histoire, une leçon.

J'ai eu connaissance de ce que personne ne sait sur les plus grands orateurs. Ce livre est le fruit de cinquante enquêtes spatio-temporelles que j'ai menées ces dernières années. Le voyage dans le temps oratoire n'est pas un voyage dans le temps comme les autres. Contrairement à ce que racontent les livres et les films de science-fiction – mais après tout, ce n'est que de la fiction – il n'est pas possible de ramener un objet du passé ou du futur. En fait, il n'y a que deux choses que tu peux rapporter : des émotions et des mots. Et dans le cadre du voyage dans le temps oratoire, les deux abondent.

J'ai vu des scènes que l'on ne connaît que sous forme de légendes. J'ai entendu des mots qui n'ont jamais été cités. Il se peut que les historiens te disent autre chose que ce que tu liras ici. Fais-toi ton idée.

Je suis dans Apollo 11, lorsque Neil Armstrong trouve, par association d'idées, la première phrase qu'il va dire sur la Lune, le 21 juillet 1969 à 2 h 56 UTC. Je suis au Théâtre du Globe, au cœur de Londres, avec William Shakespeare, lorsqu'il écrit en 1599 le discours sanglant de Henri V au pied des remparts de Harfleur. Je suis dans la villa romaine de Quintilien en l'an 95 de notre ère, lorsqu'accablé de douleur à la mort de son dernier enfant, il hésite à continuer l'écriture de l'*Institution oratoire*.

L'historien recherche la vérité ; moi, je dis la vraisemblance.

Tel un conteur, je suis animé, moins par le souci d'exactitude historique que par l'émotion porteuse d'un message. Aux côtés des orateurs – authentiques, fictifs ou ressemblants – que tu croiseras dans ces pages aux frontières du réel, tu vivras des aventures riches d'enseignement. Et si tu souhaites poursuivre, visite les plus de 500 notes en fin d'ouvrage qui étancheront ta curiosité.

SOMMAIRE

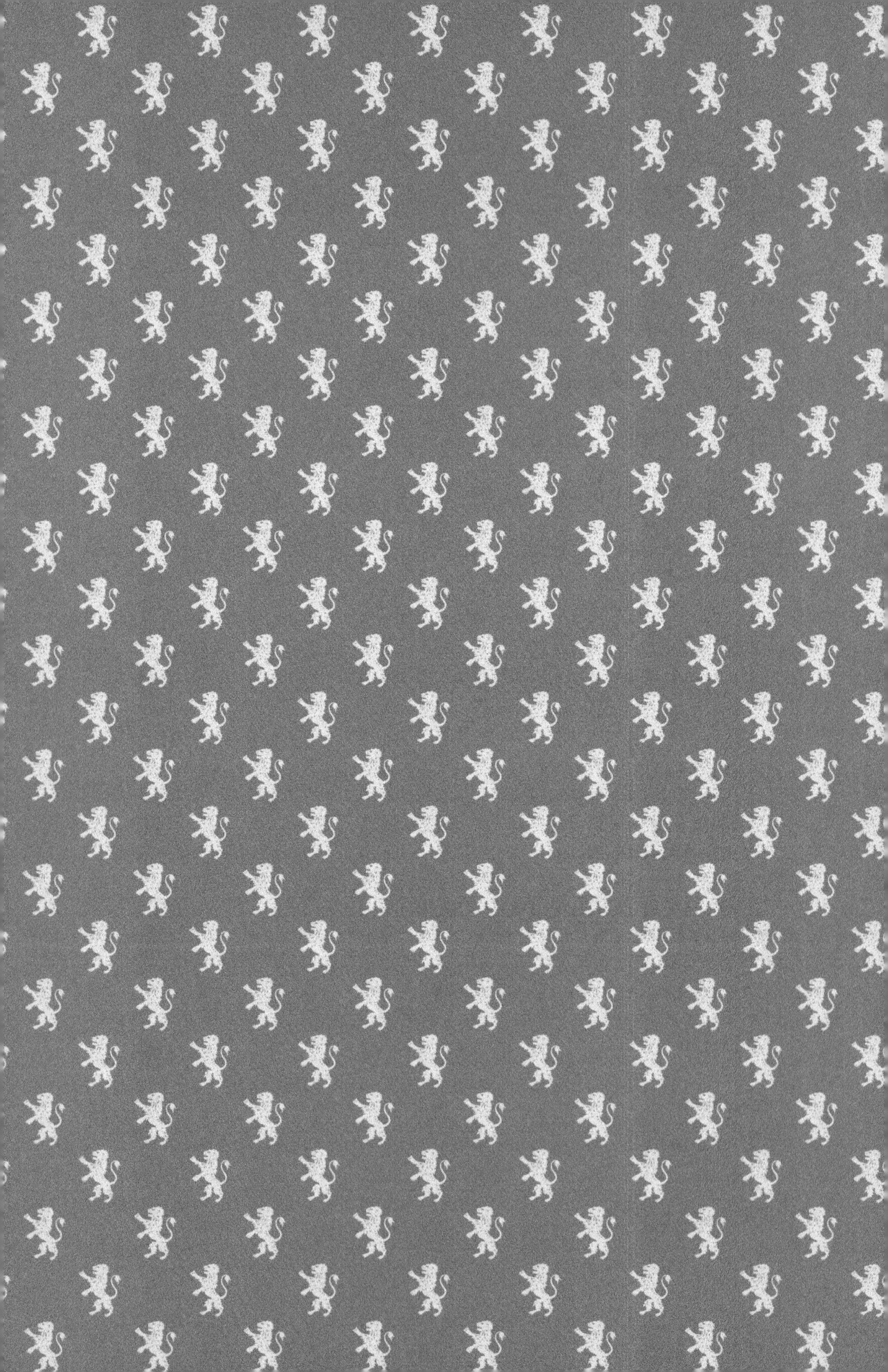

Comment est Née
la Rhétorique

C'est le cinquième procès d'affilée auquel assistent le sophiste Corax[1] et son disciple Tisias[2]. Le plaignant est en train d'ânonner un texte rédigé par son logographe[3], dont il n'a pas l'air de comprendre le sens, un texte qui n'avance aucun argument, ne s'appuie sur aucune structure, ne suit aucune logique. Peu à peu, la torpeur enveloppe le prétoire comme un brouillard. « J'en ai assez entendu, murmure Corax à son disciple, partons ! »

La cité grecque de Syracuse[4] sort d'une période difficile. Depuis 485 av. J.-C., trois tyrans, trois frères, se sont succédé pour maintenir la population sous leur joug[5]. Le troisième, Thrasybule[6], était le plus violent. Il multiplia les exécutions sommaires sous des prétextes fallacieux, envoya en exil certaines des principales familles de la ville et confisqua leurs biens à son profit. Ce qui finit par provoquer un soulèvement massif soutenu par plusieurs autres cités grecques.

En cette année 465 av. J.-C., la population de Syracuse vient donc tout juste de chasser du pouvoir le dernier oppresseur, après onze mois de lutte[7]. La démocratie recouvre enfin sa voix et les affaires reprennent sous le soleil de Sicile. En conséquence, depuis quelques semaines, tous les citoyens qui ont été spoliés durant les années sombres, et ils sont pléthore, se pressent dans les tribunaux pour réclamer justice. Les plaintes s'accumulent et les prétoires sont engorgés.

Dehors, tandis qu'ils traversent la place principale, Corax est le premier à parler :
— Ces procès sont tous interminables et vains.
— On ne comprend même pas de quoi il est question, renchérit Tisias.
— Nous devons aider ces malheureux ou ils seront morts et incinérés avant d'avoir récupéré leurs biens.

— Mais que peut-on faire pour eux?

— Mon maître, Empédocle[8], disait toujours qu'il faut distinguer l'objet des éléments qui le composent.

— C'est-à-dire?

— De même que le monde est constitué de quatre substances fondamentales – l'air, le feu, l'eau et la terre – nous devons travailler sur la composition du discours.

— Que suggères-tu, Corax?

— Tout d'abord, il faut susciter l'intérêt des juges et des jurés et dire exactement de quoi l'on va parler; ce sera «l'exorde[9]».

— C'est astucieux.

— Ensuite, il faut exposer les faits, sinon on ne comprend rien à l'histoire et aux enjeux; ce sera «la narration[10]». Puis vient le temps d'expliquer, avec des arguments, pourquoi on a raison; appelons cette partie «la confirmation[11]».

— Il ne reste plus qu'à conclure.

— Non, Tisias, pas encore. Si nous voulons être sûrs de gagner, nous devons aussi anticiper les objections et réfuter les arguments de la partie adverse; ce sera «la réfutation[12]». Ensuite seulement, nous pourrons conclure: en proposant un court résumé et en invitant les juges à prendre une décision favorable; nommons cette partie «la péroraison[13]».

— Par Zeus, avec un système clef en main tel que celui-là, nul doute que l'on pourra convaincre n'importe qui de n'importe quoi!

— Je te laisse rédiger le manuel, Tisias – insiste bien sur la notion de vraisemblance. Et retrouvons-nous demain devant le tribunal. Nous vendrons cette méthode à tous ceux qui en ont besoin.

— Je m'en occupe: l'art de persuader en cinq parties: exorde, narration, confirmation, réfutation, péroraison. À demain, Corax.

— À demain Tisias.

La rhétorique est née! Elle ne sera jamais bâillonnée.

Le succès du manuel de Corax et Tisias ne se fera pas attendre. Rapidement convaincus de son efficacité, plaideurs et logographes s'empressent de se le procurer. Grâce aux commerçants qui plaident conjointement à Syracuse et à Athènes, la méthode s'implante durablement dans la capitale de la philosophie. Gorgias[14], disciple de Tisias, et philosophe itinérant, pollinise ensuite toute l'Attique.

Son disciple Isocrate[15], ouvre en 393 av. J.-C. la première école de rhétorique, formant, entre autres, quatre des dix orateurs attiques[16] dont lui-même fait partie : Démosthène[17], Hypéride[18], Isée[19] et Lycurgue[20]. Les ouvrages théoriques, tels que la *Rhétorique*[21] d'Aristote[22], se multiplient, favorisant encore l'expansion de la discipline dans le monde hellénistique. Jusqu'à ce que Cicéron[23] et Quintilien[24], avec son *Institution oratoire*, prennent le relais et donnent à la rhétorique ses lettres de noblesse dans le vaste Empire romain.

Ainsi, la rhétorique a inondé le monde à travers les siècles, dans toutes les sphères de la communication, pour parvenir jusqu'à nous, jusqu'à toi. Fais-en maintenant le meilleur usage. Les mots peuvent changer le monde.

Que Hermès[25], dieu des orateurs, vous protège, toi et ta parole !

Techniques & Styles

I

La Bible de l'Art Oratoire

Rome baigne dans la grisaille. Marcus Fabius Quintilianus[26] rentre avec lenteur des funérailles de son fils. Il est accablé de douleur. Ce n'est pas dans l'ordre des choses pour les parents d'incinérer leurs enfants. Cela fait plus de cinq ans que Quintilien s'est retiré de la vie publique[27], mais il ne peut jouir d'une vie sereine tant le sort s'acharne sur lui : d'abord sa femme, moissonnée dans sa fleur[28], puis son fils aîné à l'âge de cinq ans[29], et aujourd'hui, son second fils, à neuf ans[30]. Les dieux en ont décidé ainsi.

Arrivé à sa villa, Quintilien n'a pas le cœur de se remettre à l'écriture de cet ouvrage qu'il voyait pourtant comme l'œuvre de sa vie : *Institution oratoire*[31]. À quoi bon ? « Mon ouvrage devait être la meilleure partie de mon héritage. », réalise-t-il[32]. Il l'avait imaginé découpé en douze livres : les deux premiers sur l'apprentissage de la rhétorique chez les enfants, les cinq suivants sur l'invention[33] et la disposition[34], trois autres sur l'élocution[35], le onzième sur la mémoire[36] et l'action[37], et le dernier sur l'orateur lui-même.

Les cinq premiers livres sont achevés. « Que faire maintenant et à quoi destiner les restes d'une vie que les dieux réprouvent ? », s'interroge-t-il, errant en sa demeure[38]. L'ancien avocat, émule de Cicéron[39], a pourtant tant de trésors à transmettre, lui qui a consacré vingt années à l'instruction de la jeunesse dans la première école de rhétorique publique[40], voulue par l'empereur Vespasien[41] ; un dévouement qui lui a valu le laticlave[42].

Ce n'est finalement qu'au bout de plusieurs jours que Quintilien se décide à commencer le sixième tome d'*Institution oratoire*, prêt à aller au bout de ce projet ambitieux qu'il a entamé il y a environ douze mois[43]. Il lui faudra sans doute encore un an. « Au reste, il me semble qu'on doit me savoir encore plus gré de mon travail depuis qu'il n'est animé d'aucun intérêt particulier, et que, s'il a quelque utilité, cette utilité est toute pour autrui ; car tel est mon malheur, que, mes écrits comme mon patrimoine, tout ira à des étrangers, tout passera dans des mains étrangères. », se confie le rhéteur dans l'introduction de ce sixième volume[44].

ouissant de 2 000 ans d'existence, l'*Institution oratoire* de Quintilien reste un ouvrage de référence de la rhétorique. Frédéric II[45] disait à son sujet: «Pour la rhétorique, qu'on s'en tienne à Quintilien. Quiconque, en l'étudiant, ne parvient pas à l'éloquence, n'y parviendra jamais[46].»

Le projet du rhéteur, exprimé dans son introduction, est ambitieux: «Mon dessein est de prendre, pour ainsi dire, l'orateur au berceau, de le faire passer par tous les arts qui peuvent contribuer en quelque chose à sa perfection, et de ne le quitter qu'après être arrivé au terme.» Tout est dans cet ouvrage en douze volumes: les cinq étapes du discours, les genres discursifs, la disposition, l'argumentation, les figures, la mémorisation, la prononciation, etc., et même un livre entier sur l'orateur idéal, car si la rhétorique est une vertu, l'orateur doit être un homme de bien. Malgré l'apparition de nouveaux formats de communication, peu de choses ont été révélées depuis.

L'*Institution oratoire*, une œuvre colossale, universelle et éternelle, à lire, à relire et à mettre en pratique[47].

Connexion

Au Ier siècle de notre ère, Quintilien écrivait la méthode du discours. Seize siècles plus tard, Descartes[48] écrira le *Discours de la méthode*[49]. Parmi les préceptes édictés dans sa deuxième partie, il en est un qui dit que, pour bien conduire sa raison, il faut «diviser chacune des difficultés […], en autant de parcelles qu'il se pourrait et qu'il serait requis pour les mieux résoudre[50].» C'est ce que proposait déjà le rhéteur romain pour résoudre le problème du discours: diviser le processus en cinq étapes, puis le texte en cinq parties. Le principe de la résolution par la division s'applique à tous les projets.

17

La Rhétorique de Shakespeare

Il ne lui reste plus qu'une seule scène à écrire : la scène III de l'acte III, le siège d'Harfleur[51]. Il tient à ce que sa *Chronique de l'histoire d'Henri le Cinquième*[52], qui raconte la bataille d'Azincourt[53], soit un succès. Sa dernière pièce, *Beaucoup de bruit pour rien*, a bien marché. Il faut continuer sur la lancée. Car maintenant que sa troupe des Lord Chamberlain's Men[54] a acquis son propre théâtre, Le Globe[55], il faut à tout prix faire recette. D'autant plus qu'il est actionnaire. Pour le dramaturge de trente-cinq ans, cette deuxième pièce qui y sera jouée doit imposer le Théâtre du Globe, installé dans le quartier de Southwark, au sud de la Tamise, comme un haut lieu artistique londonien. « *Totus mundus agit histrionem* » (« Le monde entier est un théâtre »), a-t-il fait apposer à l'entrée. Et si le Théâtre du Globe devenait le théâtre du monde entier ?

Pour l'heure, de cette pièce en cinq actes, il n'y a plus qu'à concevoir la scène du siège d'Harfleur. William Shakespeare[56] imagine le roi Henri V d'Angleterre[57] au pied des remparts. Il lui faut un discours puissant pour faire tomber la ville sans verser de sang. C'est pourquoi il a tardé à composer ce passage. Il attendait le moment ; et c'est cette nuit. Feuillet après feuillet, le Barde[58], comme on le surnomme désormais, gratte, rature, déchire, récrit, déployant toute sa verve : des questions rhétoriques autoritaires, des images et des métaphores frappantes, une musicalité dramatique, un rythme haletant d'urgence… Mais il manque encore quelque chose pour obtenir la reddition immédiate et sans condition. Son regard se perd dans la flamme de la bougie. Il faut du bruit et de la fureur… Une hypotypose[59] apocalyptique, assurément !

« Sinon, eh bien, attendez-vous dans un moment à voir l'aveugle et sanglant soldat tordre d'une main hideuse, malgré leurs cris perçants, la chevelure de vos filles ; vos pères saisis par leur barbe d'argent, et leurs têtes vénérables brisées contre les murs ; vos enfants nus embrochés sur des piques, leurs mères affolées perçant les nuages de leurs hurlements confus, comme autrefois les femmes de Judée pendant la chasse sanglante des bourreaux d'Hérode[60] ! »

hakespeare utilise ici la rhétorique avec maestria pour composer un discours hautement persuasif[61].

Il commence par une question rhétorique incitant à la prise de décision, suivie d'un ultimatum : « Qu'a résolu enfin le gouverneur de la ville ? Voilà le dernier pourparler que nous admettrons. » Puis le choix est posé, mettant la pression : « Ainsi, abandonnez-vous à notre suprême merci ; ou, en hommes fiers de périr, provoquez notre fureur extrême ! » Bâti sur la structure de ces deux derniers vers d'introduction, le discours repose sur un contraste marqué entre la miséricorde qu'offre Henri V et la menace d'une sanction. Les images sont fortes, terrifiantes, évoquant une violence impossible à maîtriser si elle était déclenchée. Pour conclure, le roi d'Angleterre boucle sur l'alternative de départ : « Qu'en dites-vous ? Voulez-vous vous rendre, et éviter tout cela, ou, par une coupable défense, causer votre destruction ? »

Pour persuader avec force, prends exemple sur les grands dramaturges en insufflant dans tes prises de parole un peu de lyrisme, comme le faisait Martin Luther King[62].

Connexion

Et si Shakespeare avait été vendeur de voitures d'occasion ? « N'est-ce pas là, la voiture dont vous avez toujours rêvé ? C'est le dernier modèle à ce prix. Soit vous profitez de cette opportunité exceptionnelle, soit un autre le fera. Sous ce capot, une mécanique parfaite ; à l'intérieur, un confort digne des rois. Mais attendez trop, et vous risquez de voir quelqu'un d'autre au volant, profitant du rugissement de ce moteur et du doux murmure de sa climatisation. Alors, que décidez-vous ? Embrasserez-vous cette chance, ou la laisserez-vous filer, au risque de toujours le regretter ? »

Le Charme des Histoires

Il est encore tôt à Oxford, mais ce 4 juillet 1862, avec juste ce qu'il faut de nuages pour rêvasser, promet d'être chaud. À bord du canot, chacun est heureux d'aller pique-niquer à Godstow[63] : Charles Dogson, professeur de mathématiques au Christ Church College, les filles du Doyen, Ina (13 ans), Alice (10 ans), Edith (8 ans), et le Révérend Robinson Duckworth[64], qui s'occupe de ramer. Défroissant son pantalon de flanelle blanc du plat de la main, Charles lance : « Voulez-vous jouer aux charades, les amies ? — Racontez-nous plutôt une histoire, demande Alice. — Une histoire ? — Une histoire inventée ! insiste Alice. » Charles réfléchit quelques secondes, scrutant le rivage de ses yeux bleu-gris où scintille la Tamise. Puis il improvise : « Alice commençait à en avoir assez d'être assise, sur le bord, à côté de sa sœur, et de n'avoir rien à faire… » Alice tape dans ses mains, tout heureuse que l'héroïne porte son prénom. « … lorsqu'un lapin blanc aux yeux roses passa tout près d'elle en courant… » Charles redresse son chapeau de paille. « … elle se précipita à travers le champ à sa suite, et arriva juste à temps pour le voir s'engouffrer dans un grand terrier sous la haie. En un instant, Alice s'élança à sa suite, sans se demander une seule fois comment elle allait bien pouvoir en ressortir. »

Captivé, comme les trois sœurs, le révérend Robinson Duckworth ne sent plus l'effort. Tour à tour, la jeune Alice de l'histoire rencontre une souris française, une chenille qui fume le narguilé, une duchesse qui a perdu son éventail, un bébé qui se transforme en cochon, un chat du Cheshire philosophe, un chapelier amateur de thé, un loir très fatigué, une reine de cœur qui déteste les roses blanches… Les petites filles sont projetées hors du temps, hypnotisées. Les six miles de flots berçants n'ont paru qu'une seconde. Déjà, Godstow n'est plus qu'à quelques pieds. « Réveille-toi ! Alice chérie, dit sa sœur, quel beau et long sommeil tu as eu ! » Le canot heurte la berge. Les enfants applaudissent, ivres de joie. « Vous me l'écrirez, cette histoire, n'est-ce pas, Charles ? supplie Alice. C'est la plus belle que j'ai jamais entendue. — Si c'est votre désir… s'incline, amusé, le jeune homme. — Comment l'appellerez-vous ? — *Alice au Pays des Merveilles* ; vous l'aurez pour Noël. »

râce à leur capacité à susciter des émotions, les histoires ont un pouvoir inégalé pour maintenir l'attention, améliorer la compréhension, favoriser la mémorisation et faciliter l'engagement.

Les neurosciences nous expliquent que notre cerveau est configuré pour comprendre et retenir les histoires. Lorsqu'on entend une histoire, non seulement des zones du cerveau dédiées au langage sont activées, mais aussi celles en rapport avec les expériences décrites. Si l'histoire parle de parfum, les zones olfactives s'éveillent. Si elle évoque un mouvement, le cortex moteur s'illumine.

Ces activations cérébrales nous aident à mémoriser les données intégrées dans le récit. Une information présentée sous forme narrative est donc plus susceptible d'être retenue qu'une information nue.

C'est pourquoi un orateur a tout intérêt, comme Charles Lutwidge Dodgson, alias Lewis Carroll[65], à raconter des histoires qui marqueront les esprits plus durablement que n'importe quelles statistiques ou données brutes.

Connexion

Les traditions orales et le « téléphone arabe » partagent un principe : l'information change lorsqu'elle est transmise. Dans ce jeu, les erreurs de communication déforment le message. Dans les traditions orales, les conteurs modifient les histoires pour les adapter à leur public et à leur époque. C'est comme jouer à un « téléphone arabe » géant sur plusieurs générations et sur toute la planète. Ainsi, comme au travers d'un miroir déformant, un petit serpent devient un féroce dragon, un acte banal devient héroïque, un fait anodin devient une légende !

Le Chiffre Magique

En ce 9 janvier 2007, les centaines de spectateurs réunis dans l'auditorium bourdonnant du George Moscone Center ont oublié le froid mordant qui saisit San Francisco depuis quelques jours. Dans la salle, il règne une effervescence particulière. Cette conférence est pourtant un rendez-vous annuel. Mais cette fois-ci, l'électricité est différente. Sans doute, parce que chacun sent intuitivement qu'une révolution se prépare. Les conversations courent sur des hypothèses, des pronostics, et même des rumeurs. La vérité, c'est que personne ne peut imaginer ce qui vient.

À l'heure prévue, l'éclairage diminue. Les murmures s'éparpillent, puis s'éteignent totalement quand le conférencier monte sur la scène. C'est le CEO en personne, vêtu simplement : sneakers New Balance 991 aux pieds, blue jeans Levi's délavé, légèrement baggy et sous-pull noir signé Miyake.

Regardant calmement le public à travers ses lunettes rondes, il commence : « C'est le jour que j'attends avec impatience depuis deux ans et demi. » Rapidement, il fait l'inventaire des innovations historiques que son entreprise a produites, rappelant chaque fois les dates et l'avancée technologique que cela a représenté[66].

Puis il enchaîne : « Aujourd'hui, nous vous présentons trois produits révolutionnaires de ce niveau. » Chaque fois qu'il évoque l'une de ces nouveautés, des applaudissements de plus en plus nourris se font entendre. Et lorsqu'il précise : « Ce ne sont pas trois appareils séparés. », la stupéfaction est palpable ; les gens n'osent pas y croire. C'est alors qu'il annonce, victorieux : « C'est un seul appareil ! Et nous l'avons appelé : iPhone. »

Le public explose, enthousiaste. La surprise est totale. Pendant ce temps, on peut lire sur le visage de Steve Jobs[67] la jouissance d'un homme qui accoste après des années de périple. La magie de « la règle des trois » vient d'opérer. La conférence n'a commencé que depuis une minute et il a l'assurance que l'auditoire ira avec lui jusqu'au bout des soixante-dix-neuf qui restent.

Vieille comme le monde, la « règle des trois », une pépite miraculeuse de la rhétorique, rend la parole puissante. Les triades, par leur structure tripartite, facilitent la mémorisation, augmentent l'impact émotionnel et renforcent la compréhension.

Le chiffre trois est magique : assez pour créer un motif, pas trop pour ne pas saturer l'attention. On le retrouve dans toutes les sphères de la rhétorique. Dans la politique : songe au « *Veni, vidi, vici*[68] » de Jules César. Dans les contes de fées : tu connais les trois petits cochons. Dans la religion : « Au nom du Père, du Fils et du Saint-Esprit. » Et bien sûr, dans les slogans publicitaires.

Steve Jobs applique la règle avec brio. L'iPhone est présenté comme un iPod à écran large et contrôle digital, un téléphone mobile révolutionnaire et un appareil de communication Internet. Trois produits distincts fusionnés en un seul[69]. Les auditeurs sont captivés, saisis par la triple promesse, prêts à suivre la conférence jusqu'à son terme[70]. De toute façon, ils ne peuvent pas plonger le nez dans leur iPhone !

Connexion

L'humour fait aussi ses choux gras de la règle des trois. T'es-tu déjà demandé pourquoi les blagues commencent souvent par « Un prêtre, un rabbin et un imam entrent dans un bar » ? Eh bien, la blague fonctionne en partie grâce à la règle des trois. Elle établit un motif, puis le renverse, déclenchant le rire. En fait, la règle des trois est aussi omniprésente dans l'humour que dans la rhétorique. Steve Jobs lui-même était connu pour son sens de l'humour. Imagine-le présenter l'iPhone : « Un iPod, un téléphone et un appareil de communication Internet entrent dans un bar… ».

Un Rêve qui se Répète

« Parle-leur du rêve, Martin ! Parle-leur du rêve ! » lui crie Mahalia Jackson[71]. Nous sommes aux deux tiers du discours.

Le révérend se retourne, regarde brièvement, debout derrière lui sur le podium, la reine du gospel qui vient de l'interpeller. Puis il fait glisser sur le côté les feuilles qu'il lisait, fait face à nouveau aux presque 300 000 personnes rassemblées devant lui[72]. Et saisissant le pupitre, il se lance dans une improvisation d'un lyrisme parfaitement raccord avec les paragraphes précédents, mais sur un ton encore plus vibrant, d'une voix encore plus habitée, animé d'une foi encore plus ferme.

« Je vous le dis ici et maintenant, mes amis, bien que, oui, bien que nous ayons à faire face à des difficultés aujourd'hui et demain, je fais toujours ce rêve : c'est un rêve profondément ancré dans le rêve américain. Je rêve que, un jour, notre pays se lèvera et vivra pleinement la véritable réalité de son credo : "Nous tenons ces vérités pour évidentes par elles-mêmes que tous les hommes sont créés égaux[73]."

« Je rêve qu'un jour sur les collines rousses de Géorgie les fils d'anciens esclaves et ceux d'anciens propriétaires d'esclaves pourront s'asseoir ensemble à la table de la fraternité. »

« I have a dream… » : une formidable anaphore composée de neuf occurrences, martelée avec la plus puissante des convictions. Les acclamations sont de plus en plus nourries, le public est transporté.

« I have a dream… » : quatre mots qui signent la détermination d'un homme à défendre l'égalité des droits, quatre mots qui marqueront l'Histoire, pas seulement l'histoire de son pays, mais l'histoire de toutes les luttes.

« I have a dream… » : une formule qui deviendra réalité l'année suivante avec la fin officielle de la ségrégation raciale aux États-Unis signée de la main du président[74].

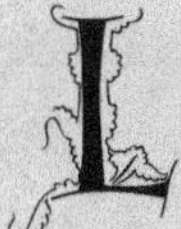L'anaphore consiste à répéter un mot ou un groupe de mots au début de plusieurs phrases ou paragraphes successifs[75].

« I have a dream » est une magistrale anaphore à neuf occurrences. Et ce n'est pas la seule que Martin Luther King[76] utilise. Le pasteur, qui connaît le pouvoir de cette figure rhétorique, en fait un usage abondant. Son discours de dix-sept minutes en compte huit au total.

L'anaphore appartient à la famille des figures d'insistance. Savamment martelée, elle est un puissant moyen de faire passer un message. La répétition renforce l'idée et l'inscrit fermement dans l'esprit de l'auditeur. Ce procédé retient l'attention, entraîne comme un refrain et accroît l'impact émotionnel.

Les figures de rhétorique ne sont pas faites que pour l'ornement. Elles sont aussi utiles pour renforcer l'argumentation, susciter l'émotion et faciliter la mémorisation. Fais-en usage à bon escient. On parlera peut-être de tes discours dans plus de soixante ans.

Connexion

T'es-tu déjà demandé pourquoi certains slogans publicitaires te restent obsessionnellement en tête ? Cette mémoire tenace doit beaucoup à l'anaphore. En martelant leur message à intervalles réguliers, les professionnels de la communication utilisent toute la puissance de cette figure de style. Comme un refrain lancinant, le slogan se glisse dans notre esprit pour s'y installer confortablement. Et chaque fois que nous l'entendons, il s'inscrit plus profondément. Au fond, les marques partagent aussi un rêve : celui de rester gravées éternellement dans nos mémoires !

L'Art de la Question

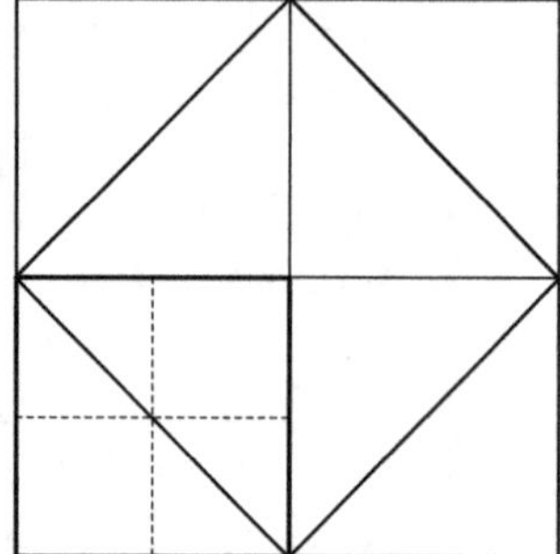

Accueillant le sage dans sa riche demeure, Ménon l'interroge sur le savoir. Du bout de son bâton, le vieil homme trace dans la terre un carré et demande à un jeune esclave : « Si chaque côté de ce carré fait deux pieds, combien fait-il ? »
— Quatre, Socrate.
— Et combien ferait un carré double ?
— Huit.
— Donc de combien seraient les côtés de ce nouveau carré ?
— C'est évident : ils seraient doubles.
— Tu es en train de me dire qu'un carré double est composé à partir d'un côté double ?
— C'est bien ça.
— Je trace donc un carré avec un côté double. Combien du premier carré contient-il ?
— Quatre.
— Ce nouveau carré est-il donc double ?
— Non, assurément. Il est quadruple.
— Ce n'est pas ce que nous voulions. De quelle ligne alors peut-on tirer un carré double ?
— Je ne sais pas, Socrate.

Le philosophe se tourne vers Ménon : « Tu vois, Ménon, au début, il croyait savoir, mais il ne savait pas. À présent, il sait qu'il ne sait pas. » Faisant un nouveau trait dans la terre, il revient à l'esclave :
— Cette diagonale ne coupe-t-elle pas en deux l'espace du carré ?
— C'est vrai.
— Si je trace un carré ayant la diagonale du premier carré pour côté, combien de moitiés du premier carré contient ce nouveau carré ?
— Quatre moitiés, donc deux carrés. Le nouveau est bien double.

Socrate conclut alors pour Ménon : « Celui qui ignore a donc en lui-même sur ce qu'il ignore des opinions vraies. Ainsi, il saura, sans avoir appris de personne, mais au moyen de simples interrogations, tirant ainsi sa science de son propre fonds. »

La maïeutique[77], du grec ancien *maieutikê*, par analogie avec le personnage de la mythologie grecque Maïa[78], qui veillait aux accouchements, signifie littéralement « art d'accoucher ». Ce terme, métaphoriquement utilisé par le philosophe Socrate[79], réfère à une méthode d'interrogation visant à accoucher les esprits de leur vérité intérieure. Telle une sage-femme guidant un enfant vers la lumière, le questionneur socratique éclaire l'individu pour lui permettre de faire émerger sa propre sagesse.

Dans cet épisode tiré du *Ménon*[80] de Platon[81], Socrate amène un esclave sans instruction mathématique à « redécouvrir » le théorème[82] de Pythagore[83].

La maïeutique incite l'interrogé à s'engager dans un dialogue réfléchi et analytique. Le but est de dégager des vérités personnelles préexistantes, mais jusqu'alors inexplorées. Cette technique de questionnement offre donc à l'interrogé une introspection profonde, et à l'interrogateur un miroir révélateur des préjugés et des croyances.

Connexion

La méthode socratique a fortement influencé les techniques d'interrogatoire utilisées aujourd'hui par les forces de l'ordre et les services de renseignement. Tout comme Socrate, un bon enquêteur doit amener les suspects et les témoins à révéler leur propre vérité. Heureusement (ou malheureusement), les policiers n'ont même pas besoin d'avoir un diplôme en philosophie pour être de bons accoucheurs de vérité. Le problème, c'est quand le bâton sert à autre chose qu'à dessiner des carrés dans le sable; ça s'appelle « accoucher au forceps ».

II

Élocution & Fluidité

La Voix des Cailloux

Aux abords d'Athènes, sur la plage de Phalère, l'homme, solitaire, se tient debout face à la mer déchaînée. Ses cheveux collés par les embruns lui font un casque de guerrier. Les vagues, l'une après l'autre, excitées par le grondement menaçant de la tempête qui approche, le défient à coup d'écume au visage. Tandis qu'au ciel d'une aurore assombrie, de lourds nuages tombent leurs ombres sur le temple d'Hermès.

D'une détermination tranquille, l'homme s'agenouille, son manteau de laine grossière claquant sous les coups de fouet des bourrasques. Ses doigts, raidis par le froid, se serrent autour d'une petite poignée de cailloux glacés, façonnés par l'éternelle mer Égée. Les plaçant dans sa bouche, il sent leur saveur rêche et minérale sur sa langue.

Puis il se redresse. Le voici immobile et droit comme un rocher, vaillant sous le ciel orageux. Sa voix s'élève, austère, dans le vacarme de la tempête : une ode à Athéna, déesse de la sagesse… et de la guerre. Mais ses mots se broient contre le bruit des vagues, les pierres, déformant le flot de ses paroles, écorchent ses phrases.

De loin, un vieil homme, enveloppé dans une cape usée par le temps, l'observe depuis un moment. Intrigué par la scène, il finit par s'approcher. Et criant par-dessus le vent, il interroge : « Pourquoi, jeune homme, défies-tu la tempête avec des cailloux dans la bouche ? Quelle sorte de pratique magique est-ce là ? »

Le jeune homme se tourne vers lui, l'air résolu, le regard fier et souriant : « Pour parler aussi fort que la mer, aussi clair que le vent, fluide comme le sable. »

Après une pause, il ajoute, comme si c'était de la plus haute importance : « Je suis Démosthène. »

À ce nom, la tempête redouble d'un grondement magistral, comme pour accepter le défi de cette voix audacieuse.

Démosthène (384-322 av. J.-C.), homme d'État athénien, est né bègue et malheureusement doté d'une voix fluette[84]. Afin de corriger ces défauts rédhibitoires pour embrasser une carrière politique, il décide d'entraîner son élocution en parlant avec des cailloux dans la bouche.

Ainsi, Démosthène devait travailler davantage pour articuler chaque mot. Cela le forçait à respirer de façon plus efficace et à utiliser pleinement son diaphragme pour projeter sa voix. Sa diction et son volume s'amélioraient, le préparant à s'adresser aux foules nombreuses de l'Agora athénienne.

De plus, pour surmonter sa crainte de parler en public, Démosthène s'exerçait face à la mer, tentant de dominer le bruit des vagues avec sa voix.

Ces techniques étaient aussi un moyen pour lui d'acquérir la confiance nécessaire pour captiver son auditoire. Grâce à son travail acharné, il entra dans le club très fermé des orateurs attiques, panthéon de la rhétorique.

Connexion

La méthode des cailloux de Démosthène illustre une technique appelée «l'obstacle surmonté», utilisée dans divers domaines pour améliorer les compétences. En musique, par exemple, certains pianistes pratiquent avec des gants pour augmenter la difficulté, puis jouent sans, pour ressentir une facilité accrue. Les athlètes s'entraînent en altitude pour augmenter leur endurance. Les comédiens placent un crayon ou un bouchon de liège entre leurs dents. Si Démosthène avait été humoriste, il aurait sûrement tenté de faire rire des statues.

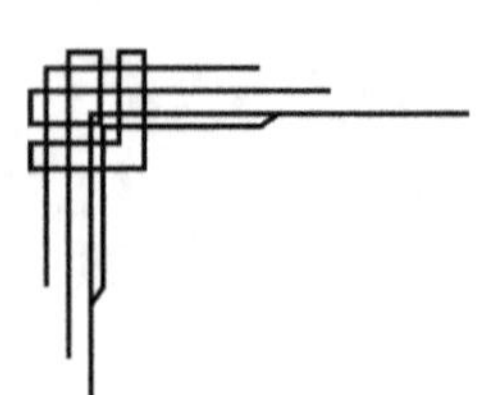

Le Masque du Son

Le ciel est d'un bleu profond. La mer Égée scintille sous les caresses du soleil. Il semblerait que les dieux veillent à ce que ce jour s'écoule sous les meilleurs auspices. La ville d'Athènes, aujourd'hui, n'aspire qu'à la distraction. Elle ne sera pas déçue.

Dans l'amphithéâtre de Dionysos[85], les murmures font, sur les gradins, un bruit de cascade. Le public est plus excité qu'à l'accoutumée, car on lui a promis une innovation. Mais comment pourrait-il être encore impressionné, lui, qui depuis un peu plus d'un an est entré, avec la tragédie, dans une nouvelle ère du théâtre ?

À l'écart de cette impatience, invisible de la salle, un homme corpulent se prépare, méticuleux. D'un geste sûr, il fixe l'épaule gauche de son chiton blanc à l'aide d'une fibule de bronze. Puis il noue sa ceinture, tirant l'étoffe vers le haut jusqu'à mi-cuisse, de manière à dessiner d'harmonieux plis bouffants à la taille. Il chausse alors ses sandales. Enfin, machinalement, il tend la main vers la palette des pigments colorés avec lesquels il se grime d'habitude. Mais il se ravise : aujourd'hui, c'est différent.

Il est le premier acteur de toute l'Histoire. L'année dernière, le 23 novembre de l'an 534 av. J.-C. exactement, il montait seul sur la scène. Il inventait la tragédie. Le public ne jure que par ses pièces mêlant savamment musique, danse et dialogues, des histoires qui puisent avec bonheur dans la mythologie. Il est Thespis d'Icare[86].

Il va être temps d'entrer en scène. Il ferme les yeux un instant, respire profondément. Puis il boit une gorgée de vin comme un coup de fouet. C'est le moment d'enfiler cette étrange nouveauté : un masque de bois peint, doté d'une large bouche en porte-voix[87].

Le cœur battant plus fort que ses pas, Thespis monte sur la scène. Il déclame ses premiers mots, lui-même étonné de sa puissance, devant un public stupéfait jusqu'au dernier rang. La voix vient d'être amplifiée ; elle résonnera longtemps dans l'esprit des spectateurs.

Amplifier sa voix naturellement sans recours à l'électronique, comme le savent les comédiens et les chanteurs, ne concerne pas seulement la force brute. C'est une pratique subtile et complexe, mariant physique, physiologie et psychologie.

Le son produit par les cordes vocales humaines est relativement faible en soi. Pour porter, il est nécessaire qu'il soit amplifié par la résonance dans les espaces aériens du corps, notamment le pharynx, la bouche, le nez, le thorax.

C'est ici que la technique entre en jeu. Les acteurs grecs utilisaient des masques au design spécial qui amplifiaient et dirigeaient le son vers le public. Cependant, ils devaient aussi maîtriser leur respiration, leur diction et leur projection, leur posture.

Aujourd'hui encore, ce mélange de science et d'art est essentiel dans le théâtre, le chant et l'art oratoire. Il permet non seulement de se faire entendre haut et fort, mais encore de ne pas épuiser sa voix.

Connexion

Lors de tes dernières réunions Zoom ou des dernières vidéos de mauvaise qualité que tu as regardées, qu'est-ce qui t'a le plus perturbé ? L'image pas nette ou le volume trop bas ? Le volume trop bas, bien sûr ! L'amplification de la voix n'est pas seulement pour les acteurs grecs antiques. C'est pour tous ceux qui ont un message à faire passer. Alors, la prochaine fois que tu prendras la parole, pousse ta voix, équipe-toi d'un bon micro, assure-toi d'une bonne connexion internet… Et si rien ne marche, alors mets-toi au langage des signes !

Le Bourdon du Barreau

« Encore ce bruit bizarre ! » grogne un scribe agacé, en pleine copie. Un bourdonnement résonne dans la vaste Bibliothèque d'Alexandrie. Un à un, les érudits lèvent le nez de leurs rouleaux de papyrus, cherchant des yeux la source de cette perturbation.

« D'où cela peut-il bien venir ? », s'interroge un des savants. « Je n'ai jamais rien entendu de pareil. », s'exclame un autre. « Il faut que cela cesse, tonne un troisième, j'ai besoin de concentration pour mes traductions. »

Le scribe se lève alors, décidé à faire cesser cette nuisance. Le voilà donc qui parcourt les allées du temple du savoir. Mais chaque fois qu'il croit toucher au but, le son s'éloigne.

Finalement, le scribe se retrouve dans les allées du jardin. Un homme de dos lit un papyrus en marchant. « C'est donc toi qui fais ce bruit ? » L'homme, la petite trentaine, se retourne : « Oui. Désolé. C'est machinal. C'est un exercice de diction que m'a donné Molon, l'un de mes professeurs. Cela fait travailler la résonance. »
— Molon de Rhodes[88], le célèbre rhéteur ? s'émerveille le scribe, oubliant sa colère.
— Lui-même. J'ai suivi son enseignement pour m'améliorer, car je débute ma carrière d'avocat. D'ailleurs, je suis venu ici consulter les *Philippiques*[89] de Démosthène, avant de rentrer à Rome. Excellente copie, au demeurant !
— C'est moi qui l'ai réalisée, se rengorge le scribe.
— Félicitations ! Veux-tu essayer le bourdonnement ?
— Mmm… Mmm… Effectivement, c'est incroyable ! Je sens que ça vibre dans tout mon corps !

À l'intérieur de la bibliothèque, l'un des érudits fronce les sourcils : « Est-ce moi ou n'y a-t-il pas désormais *deux* bourdonnements ? »

— Je ne me suis pas présenté, s'excuse le scribe : Démétrios.
— Cicéron[90].

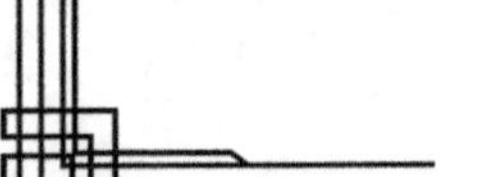

Pratique insolite et intrigante, le bourdonnement faisait partie des rituels de préparation vocale de cet orateur romain d'exception qu'était Cicéron[91]. La technique lui permettait de gagner en endurance, en clarté et en projection, qualités essentielles pour ses longues plaidoiries.

Cette méthode ancestrale est encore couramment utilisée de nos jours dans la préparation vocale des orateurs, des chanteurs et des acteurs.

La voix se déploie dans trois zones de résonance corporelles : le masque (le visage), la gorge et le thorax.

Pour émettre le bourdonnement, fais le son «mmm», bouche fermée. Vérifie avec ta main que le son résonne au niveau de l'avant de tes mâchoires, du sommet du crâne, de la nuque, ainsi qu'au niveau du thorax et même du dos.

Plus tu rempliras ces zones de résonance et mieux ta voix vibrera, et donc portera.

Connexion

Le HBB ou *human beatboxing*[92], qui mêle percussions vocales, imitations d'instruments, chant, onomatopées, chant diphonique[93], bruitages vocaux, etc., est sans doute, de toutes les pratiques vocales, celle qui fait l'exploitation la plus aboutie de la résonance corporelle. On en trouve les prémices dans des traditions millénaires comme le *konnakol* indien[94] ou le *kouji* chinois[95]. Au XXe siècle, la pratique fait son apparition dans le jazz avec le scat[96]. En 1988, Bobby McFerrin[97] connaît un succès planétaire avec «Don't Worry, Be Happy[98]», entièrement en instrumentation vocale.

35

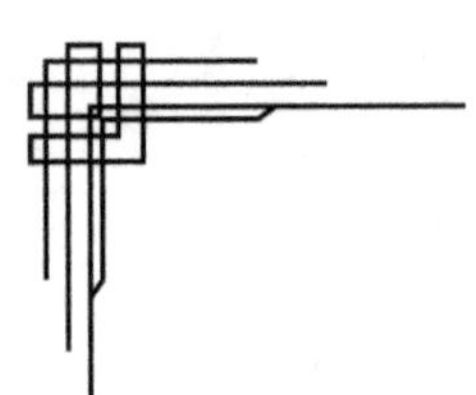
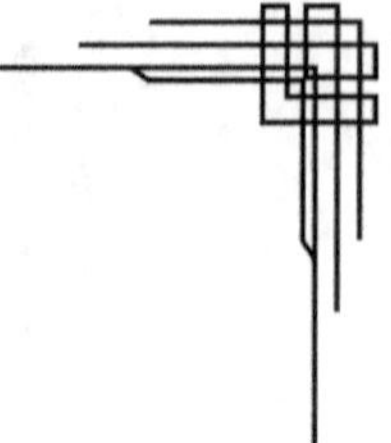

L'Heure est Grave

— Bien, nous avons vu la coiffure, le maquillage, les vêtements… Nous sommes bien d'accord au sujet des chapeaux ? demande le conseiller Gordon Reece[99].

Parfaitement calée dans son fauteuil, Margaret Thatcher[100] reprend une gorgée de whisky-soda. Elle a déjà appliqué les conseils : permanente impeccable, tailleur élégant de chez Aquascutum[101], collier de perles, sac robuste… Tout suggère le pragmatisme, la compétence, l'honnêteté. Elle n'est pourtant installée au 10 Downing Street[102] que depuis quelques jours. Mais comme elle dit souvent : « En politique, si vous voulez des paroles, demandez à un homme ; si vous voulez des actes, demandez à une femme. »

— D'accord, fini les chapeaux, répond-elle sans émotion.
— Parfait. Maintenant, nous devons aussi parler de votre voix, reprend l'ancien producteur de télévision.
— Oui, je sais. Elle est trop aiguë. Ce n'est pas avec une voix pareille que je vais réussir à mater les grèves !

L'entreprise ne fait pas peur à la « Dame de fer », comme l'ont déjà surnommée les Soviétiques[103]. N'a-t-elle pas, au début de sa carrière politique, consacré du temps à perfectionner son accent Oxbridge[104] pour gagner en crédibilité ?

« J'ai fait venir quelqu'un pour vous aider. », annonce Gordon Reece. L'huissier fait alors entrer, dans le Salon Vert[105], Sir Laurence Olivier[106], l'ancien directeur du National Theatre. Après un échange de formules de politesse, l'acteur oscarisé de 72 ans entre dans le vif du sujet : « Nous devons rendre votre voix plus grave pour vous faire gagner en autorité, vous imposer comme un leader décisif. »

La Première ministre acquiesce, croquant un chocolat avec détermination. Elle est prête à changer. Depuis toujours ambitieuse, elle avait prévenu son mari lors de sa demande en mariage : « Je ne veux pas mourir une éponge à la main. »

ès le début de son mandat de Premier ministre du Royaume-Uni, Margaret Thatcher suit un programme pour rendre sa voix plus grave, afin d'être prise plus au sérieux en tant que femme politique.

L'analyse d'enregistrements réalisés avant et après sa formation montre que la Dame de fer a réussi à abaisser sa voix de 46 Hz[107], ce qui correspond à presque la moitié de l'écart entre la hauteur moyenne des voix masculines et celle des voix féminines[108].

Plusieurs études montrent que les orateurs possédant une voix grave offrent une image d'efficacité[109] et révèlent une attitude dominante[110]. Une autre ajoute que les individus dotés d'une voix attractive sont souvent perçus comme étant sûrs d'eux[111]. Ainsi, pour dominer un auditoire, mieux vaut-il parler en fréquences basses[112].

Le changement de voix de Margaret Thatcher a été assurément un facteur décisif de son succès politique. Pour affirmer ton leadership, pense à enrichir ta voix dans les graves, en particulier.

Connexion

Dans les années 1970-1980, à une époque où les chanteurs pop se livrent à une surenchère dans les aigus, un artiste prend le contre-pied. Barry White[113], avec sa voix de baryton-basse exceptionnellement profonde, fait fondre le cœur de millions de fans dans le monde entier. Sa voix, riche et envoûtante, insuffle une sensualité nouvelle dans la musique. Barry White, c'est quarante albums et 116 millions de disques vendus de son vivant. Son ton grave et suave a été un atout majeur de sa carrière, lui permettant de se démarquer et de s'imposer comme une véritable icône musicale.

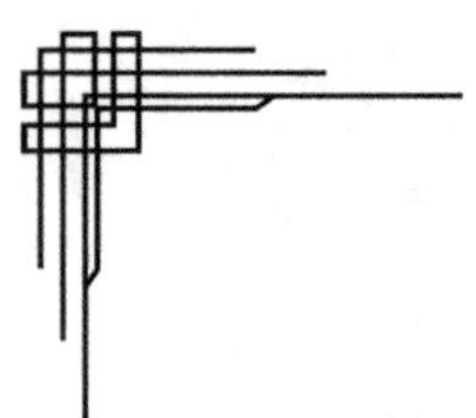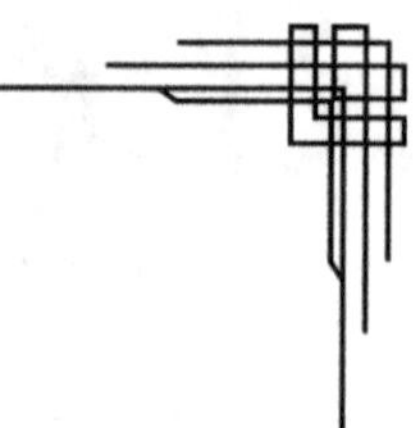

Le Feu au Lac

«Notre maison brûle et nous regardons ailleurs[114].» Le moins que l'on puisse dire, c'est que le président Chirac[115] frappe très fort d'entrée, ici à Johannesburg au IVe Sommet de la Terre[116]. Foin des salamalecs habituels! À peine lâche-t-il à l'attention de son hôte un sobre «Cher Nelson Mandela[117].», qu'il est déjà dans le vif du sujet. Quand il s'agit de sonner l'alarme, l'homme sonne l'alarme. Il ne dit pas: «Attention, je vais sonner l'alarme.» Chaque mot est détaché, les syllabes articulées. «Notre maison brûle…», lance-t-il avec solennité. Puis il fait une pause de trois secondes; c'est très long au milieu d'une phrase. Trois secondes. Il prend son temps comme pour mieux marquer la gravité de la situation, et par contraste, l'urgence d'agir. Enfin tombe la suite, comme le coupe-ret d'une condamnation: «… et nous regardons ailleurs.» À nou-veau une longue respiration pour laisser au public le temps d'encaisser le choc. «La nature, mutilée, surexploitée, ne parvient plus à se reconstituer et nous refusons de l'admettre.» Chaque phrase prononcée est séparée de celle qui la précède, pour mieux infuser dans les esprits. «L'humanité souffre. Elle souffre de mal-développement, au Nord comme au Sud, et nous sommes indiffé-rents.» La voix est posée, l'élocution est claire. Alerter, n'est pas affoler. «La terre et l'humanité sont en péril et nous en sommes tous responsables.» Le but est de susciter l'émotion et, par là, la sensibilisation jusqu'à l'implication.

«Il est temps, je crois, d'ouvrir les yeux.», enchaîne Jacques Chi-rac, avant de pointer «les signaux d'alerte» qui s'allument sur chacun des continents. «Nous ne pourrons pas dire que nous ne savions pas! Prenons garde que le XXIe siècle ne devienne pas, pour les générations futures, celui d'un crime de l'humanité contre la vie.» Aucun emballement dans la voix.

Pour finir, le Président français détaille les cinq chantiers auxquels il pense pour un développement propre, assortis de propositions concrètes. Car il reste confiant: «Le réchauffement climatique est encore réversible. Lourde serait la responsabilité de ceux qui refu-seraient de le combattre[118].»

Un conférencier parle en général à 150 mots par minute. C'est ce qui est considéré comme le débit idéal pour être compris du public, même s'il est toujours possible de s'emballer brièvement. Les présentateurs des journaux d'information de radio et de télévision s'expriment à 200 mots par minute, ce qui est un débit encore confortable, tandis que les titres sont parfois lancés à 300. Les reportages enregistrés montent, eux, jusqu'à 230. Dans les émissions radiophoniques culturelles, comme on peut en entendre sur France Culture, on est aux alentours de 180. Dans ce cadre, Alain Finkelkraut est à 130, mais de manière hachée.

Jacques Chirac, lui, s'exprimait couramment à 120 mots par minute. Mais ce jour-là, le 2 septembre 2002, il se situe en moyenne à 96 mots/min, comme pour marquer la gravité du moment. Peut-être aussi le désir d'être correctement traduit en direct a-t-il joué.

On note qu'un auditeur suit plus aisément au rythme de 170 mots/min qu'à 200. Mais, paradoxe, il peut décrocher plus vite. C'est pourquoi il est utile de varier le débit[119].

Connexion

Tous les DJ te le diront, une soirée réussie, c'est une question de rythme : le bon morceau pour le bon moment. D'abord, les gens arrivent dans une salle presque vide. Il faut une musique qui les invite à s'asseoir, à prendre leurs aises. Puis lorsqu'il y a suffisamment de monde, on lance un tempo entraînant qui pousse à danser. C'est alors que ça s'enflamme : donner envie de rester sur la piste et de n'en sortir que brièvement pour aller consommer. Viennent ensuite, au bout de la nuit, les morceaux qui indiquent la sortie. Et pour finir : la musique du ménage, sur la piste abandonnée.

III

Impact & Concision

Le Discours le Plus Court

Gettysburg, Pennsylvanie, 19 novembre 1863. Voilà deux ans que la Guerre de Sécession fait rage. La petite bourgade de 2 400 habitants n'a pas encore cicatrisé de la terrible bataille entre Unionistes et Confédérés qui, quatre mois plutôt, a ensanglanté sa terre[120].

Dans le cimetière aménagé sur la colline de Cemetery Hill en hommage aux 8 000 soldats tombés au champ d'honneur, une vaste foule se serre. C'est le jour de l'inauguration. L'inquiétude se lit sur tous les visages. Quand cette guerre, qui déchire la chair d'une même nation, se terminera-t-elle ?

Tranchant ce silence d'angoisse et de recueillement, l'ancien sénateur Edward Everett[121], spécialiste des oraisons funèbres, entame son discours. Ses mots graves, qu'il égrène lentement, se veulent un baume pour ce public meurtri. Les uns ont la tête baissée, d'autres regardent dans le vide.

Lorsqu'Everett finit de parler, deux heures se sont écoulées. C'est à ce moment que monte sur la petite estrade en bois rugueux, cet homme longiligne en retrait depuis le début. Vêtu de noir, il se place au milieu des tombes en arc de cercle comme un amphithéâtre. Il se redresse et chacun reconnaît son collier de barbe.

Le nouvel orateur rend un hommage profond aux morts des deux camps, mais c'est avant tout aux vivants, des vivants et pour les vivants qu'il parle. Comme Périclès[122] durant la guerre du Péloponnèse[123], mais sans la nommer, il parle de démocratie[124]. Il donne au peuple une cause, plus forte que le devoir ou l'obéissance : « C'est à nous de décider que le gouvernement du peuple, par le peuple et pour le peuple, ne disparaîtra jamais de la surface de la Terre. »

Tout le monde a relevé la tête et se nourrit de ces paroles. En seulement 272 mots, 10 phrases, 2 minutes, le président Abraham Lincoln[125] vient de donner l'espérance à tout un peuple. Son message sera plus tard gravé au Lincoln Memorial[126], dans l'éternité du marbre blanc.

armi tous les discours, celui de Gettysburg est sans doute l'exemple le plus probant de l'efficacité de la brièveté. Cette économie de langage permet au seizième président des États-Unis de focaliser son propos et de transmettre, en pleine guerre civile, sa vision d'une lutte nationale.

Ce discours montre qu'une communication efficace ne repose pas sur la quantité de mots utilisés, mais sur leur pertinence. Sa concision a non seulement amplifié son message, mais en a aussi facilité la mémorisation et la propagation. Preuve en est: les mots de Lincoln résonnent encore aujourd'hui comme un moment décisif et symbolique de l'histoire américaine[127].

Pour Churchill[128], tel qu'il le dit dans un discours de 1947, la formule «Le gouvernement du peuple, par le peuple et pour le peuple.», n'est rien d'autre que «la définition souveraine de la démocratie[129]». On la retrouve à l'article 2[130] de la Constitution française du 4 octobre 1958[131]. Entraîne-toi à dire l'essentiel en peu de mots: tu auras bien plus de chances de rester dans les mémoires.

Connexion

On trouve un écho au pouvoir de la brièveté du discours de Gettysburg dans le haïku, forme poétique japonaise. Ces poèmes, composés de seulement trois vers et dix-sept syllabes, sont capables de capturer l'essence d'un moment ou d'une émotion. Les maîtres du genre, comme Bashō[132], Buson[133] ou Issa[134], témoignent du fait que les mots, même en nombre réduit, peuvent transmettre une puissance et une profondeur frappantes. Dans un monde où l'attention se fait rare, ces exemples nous rappellent que la brièveté peut souvent avoir plus d'impact que la longueur.

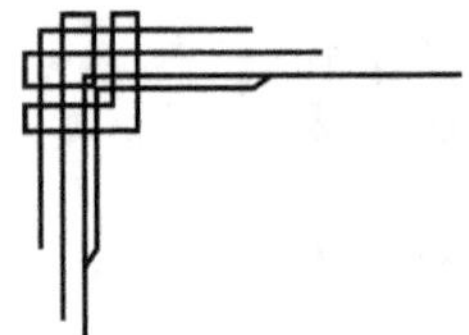

La Force de l'Âge

21 octobre 1984, Kansas City, Missouri. Voilà un peu plus de trente minutes que le second débat présidentiel[135] entre Ronald Reagan[136], le président sortant, et Walter Mondale[137], candidat démocrate, a commencé. Le quatrième journaliste, Henry Trewhitt[138], du *Baltimore Sun*[139], pose sa première question[140] à Ronald Reagan : « Je voudrais soulever une question qui, à mon avis, traîne depuis deux ou trois semaines et la formuler spécifiquement en termes de sécurité nationale. Vous êtes déjà le président le plus âgé de l'histoire et certains de vos collaborateurs disent que vous étiez fatigué après votre dernière rencontre avec M. Mondale. Je me souviens que le président Kennedy avait dû passer des jours entiers avec très peu de sommeil pendant la crise des missiles cubains. Y a-t-il le moindre doute dans votre esprit quant à votre capacité à être à la hauteur dans de telles circonstances ? »

Et voilà, nous y sommes ! La question devait tomber. Depuis le premier débat, le 7 octobre, les rumeurs vont bon train, dans les journaux et dans la rue, sur les facultés intellectuelles du président de 73 ans. Le fait qu'il ait cherché ses mots à plusieurs reprises a fait douter de son aptitude à assumer un second mandat. L'ancien acteur hollywoodien répond sans prendre le temps de réfléchir, pour bien montrer son assurance et sa vivacité d'esprit : « Absolument aucun, Monsieur Trewhitt. Et je veux que vous sachiez que je ne ferai pas non plus de l'âge un enjeu de cette campagne. Je ne vais pas exploiter, à des fins politiciennes, la jeunesse et l'inexpérience de mon adversaire[141]. » Une vraie réplique de cinéma ![142]

La salle explose de rire et applaudit à tout rompre. Walter Mondale, lui-même, rigole sans retenue. Pourtant, il comprend à cet instant qu'il vient de perdre le débat[143]. Savourant son effet, le président boit une gorgée d'eau, tandis que le journaliste, qui a du mal à reprendre son souffle, ne sait plus avec quelle question enchaîner. Ronald Reagan en profite pour enfoncer le clou : « S'il me reste du temps, je pourrais ajouter, M. Trewhitt, que… c'est Sénèque ou Cicéron, je ne sais plus, qui a dit : "Si les anciens n'étaient pas là pour corriger les erreurs de la jeunesse, il n'y aurait pas d'État.[144]" »

Connexion

Le jeu d'échecs est un jeu d'anticipation qui consiste à prévoir les mouvements de son adversaire. Dans ce jeu stratégique, chaque joueur doit constamment penser plusieurs coups à l'avance, envisager différentes stratégies, et imaginer les réponses possibles de son rival. À la fin des fins, c'est celui qui a le mieux entrevu toutes les attaques possibles de son adversaire qui gagne par échec et mat. À l'instar des plus grands maîtres d'échecs, Ronald Reagan était un fin stratège. Ah, si les conflits mondiaux pouvaient se résoudre par une bonne partie d'échecs!

14

L'Ethos n'Attend pas le Nombre des Années

Certes, elle est impressionnée : c'est son premier discours public depuis l'attaque dont elle a été victime. Et c'est à l'ONU qu'elle le donne. Mais elle n'a pas peur. Que pourrait-elle craindre ? Elle, qui a déjà vaincu la mort au Pakistan. Ban Ki-moon[147], le Secrétaire général, se penche vers son voisin : « Vous vous rendez compte, elle n'a que seize ans ! » « Seize ans ? », s'étonne ce dernier. « Oui. C'est aujourd'hui son anniversaire[148]. », ajoute le diplomate.

Alors qu'elle s'apprête à parler, des images, des impressions, défilent à toute vitesse dans son esprit. Le bus scolaire qui la ramène chez elle le 9 octobre 2012. L'arme pointée sur sa tête. Le coup de feu qui claque[149]. Le sang, la douleur. La prise en charge à l'hôpital de Saidu Sharif[150]. Le transfert à l'hôpital militaire de Peshawar[151], puis à celui de Rawalpindi[152], mieux équipé. Les cinq heures d'opération pour extraire la balle. L'arrivée à l'hôpital de Birmingham, au Royaume-Uni, pour la résurrection. Enfin, la sortie le 3 janvier 2013 pour la rééducation à domicile.

« Je n'ai pas de haine contre le taliban[153] qui m'a tiré dessus. Même si j'avais un pistolet en main et qu'il se trouvait en face de moi, je ne lui tirerais pas dessus. C'est la compassion que j'ai apprise de Mohammed, le prophète de la miséricorde, que j'ai apprise de Jésus-Christ et de Bouddha. C'est l'héritage du changement que j'ai reçu de Martin Luther King[154], de Nelson Mandela[155] et de Muhammad Ali Jinnah[156]. C'est la philosophie de la non-violence que j'ai apprise de Gandhiji[157], de Bacha Khan[158] et de Mère Teresa[159]. Et c'est le pardon que mon père et ma mère m'ont appris. » La salle, émue, applaudit. Ses parents, au premier rang, sont en pleurs. Les souvenirs reviennent : quand leur fille, à 11 ans, tenait un blog pour l'éducation des filles, déchaînant la colère des talibans[160].

Malala Yousafzai[161] poursuit son manifeste : « Menons une lutte totale contre l'analphabétisme, la pauvreté et le terrorisme. Brandissons nos livres et nos stylos. Ce sont nos armes les plus puissantes. Un enfant, un enseignant, un livre… et un stylo peuvent changer le monde. L'éducation est la seule solution. L'éducation avant tout ![162] »

L'ethos[163], en rhétorique, est un principe fondamental qui renvoie à la crédibilité de l'orateur. Cette crédibilité n'est pas simplement basée sur l'expertise ou les diplômes, elle tient aussi du caractère, de la sincérité et de l'intégrité. Elle dépasse le savoir pur. L'ethos est en fait plus lié à la perception que le public a de l'orateur qu'à son identité réelle.

L'ethos de Malala Yousafzai repose sur son expérience personnelle, son courage et sa détermination indomptable. C'est cette combinaison qui confère à son discours un poids et une gravité exceptionnels. Malgré ses 16 ans, l'adolescente dispose d'une crédibilité indiscutable[164], en vertu de son vécu, qui lui permet d'obtenir d'emblée la confiance de son public[165].

Un ethos fort est une condition préalable et indispensable à la persuasion. Un auditoire qui ne fait pas confiance à un orateur, qui doute de sa sincérité, sera difficilement persuadé par ses arguments, quelle que soit la solidité de la logique ou la force des émotions déployées dans son discours.

Connexion

La *street cred*[166] est cette crédibilité acquise par des expériences vécues dans des contextes difficiles. C'est une forme d'ethos populaire dans la culture hip-hop, un « ethos du bitume » en quelque sorte, authentique et brut. Cela suppose, bien sûr, une résilience démontrée et un alignement sans faille avec ses valeurs personnelles. Un rappeur balafré qui a fait de la prison dispose auprès de sa communauté d'une crédibilité indiscutable. En un sens, Malala a une sorte de « *street cred* » – bien que, dans son cas, ce serait plutôt une « *taliban cred* » ! Nul doute qu'un rappeur en aurait fait un tube.

Fureur à Hollywood

— Fais chier, putain ! Le temps qu'on perd à lire tous ces scénarios de merde ! peste Don Simpson[167] en enfonçant d'un pied rageur le document dans la poubelle.
— Scénari… on dit des scénari… un scénario, des scénari, ose Ben Carter, l'un des assistants, d'une voix fluette.
— Va t'faire foutre !
— Ben moi, j'ai trouvé que c'était une histoire sympa…
— Mon cul !… Mais, putain ! J'm'en branle des histoires sympas ! On est là pour faire du fric, bordel !
— Quoi, ça compte pas, l'histoire ? insiste Ben.

Don Simpson ne répond pas. Il s'applique à aligner sa dose de coke. Puis, à l'aide d'un billet, il fait monter la poudre jusqu'à son cerveau, garde un instant la tête en arrière, et reprend, les yeux explosés :
— Le fric est la seule raison de faire des films. On n'a aucune obligation de créer des histoires à la con. On n'a aucune obligation de faire de l'art à la mords-moi l'nœud… Tout c'qui compte, c'est de faire du fric, putain ! Et pour faire du fric, on peut *éventuellement* raconter une histoire, on peut *éventuellement* faire de l'art… ou s'branler d'vant la caméra[168]…
— Qu'est-ce que tu proposes, Don ? intervient Jerry Bruckheimer[169], un whisky sec à la main.
— Voici c'que j'propose : à partir de maintenant, tous les scripts qui atterriront sur nos bureaux devront avoir sur la première page, juste après le titre, une ou deux phrases qui précisent le bordel.
— Un résumé ?
— Non, plutôt un truc qui nous dit tout de suite : lecture ou poubelle, pépite ou grosse merde. Appelons ça un « *pitch* ». Qu'on sache direct si on va s'faire des couilles en or. C'est pour ça qu'on s'est associés, Jerry. C'est pour ça qu'on a monté not' boîte de prod.
— Un exemple ?
— Hamlet : un jeune prince se bat contre ses propres doutes pour venger son père.
— Et si un scénariste se pointe avec un scénario sans « *pitch* » ?
— Qu'il aille se faire enculer ! Y'en a marre des zozos ! Pardon, Ben… des « zizis » !

Sous l'impulsion de Don Simpson, les producteurs de Hollywood répandent, à partir de 1980, l'usage du *pitch*, une description concise et attrayante d'un concept de film ou de série télévisée. Il s'agit de réduire une histoire complexe en une phrase ou deux, suffisamment captivante pour attirer l'attention et stimuler l'intérêt d'un producteur potentiel. Ce format permet aux financiers de gagner du temps par rapport à la lecture d'un scénario de deux cents pages et de prédire un retour rapide sur investissement. Le *pitch* est devenu la monnaie d'échange de l'industrie cinématographique.

Et si Aristote, évoquant l'*Odyssée*[170] de Homère[171], était le véritable inventeur du *pitch* : « C'est un homme errant à l'étranger pendant plusieurs années, et poursuivi par Poséidon[172], qui le laisse seul survivre à ses compagnons. Pendant ce temps, ses affaires de famille sont dans un déplorable état ; sa fortune est dissipée par des prétendants, et son fils est entouré d'embûches. »

Toi aussi, travaille ton *pitch*. À la clef : un contrat, un emploi, ou peut-être même l'âme sœur.

Connexion

Le *pitch* n'est plus réservé à l'industrie du cinéma. Après Hollywood, pour le tri des scénarios, les *startups* reprennent, dans les années 1990, le principe du *pitch*, rebaptisé *elevator pitch* (*pitch* d'ascenseur), pour leurs levées de fonds. Imagine-toi dans un ascenseur avec un investisseur potentiel. Tu n'as que quelques secondes pour présenter ton idée avant qu'il ne sorte de l'ascenseur. Si ta présentation est assez convaincante, peut-être retardera-t-il sa sortie de quelques étages pour en savoir plus. Mais fais bien attention de ne pas prendre l'ascenseur de *La Tour infernale*[173].

Pas un Mot de Trop

La salle à manger de la Maison-Blanche résonne des conversations enjouées des convives. La First Lady, pleine d'enthousiasme comme à son habitude, veille à ce que chacun passe un bon moment. L'argent des couverts tinte contre la porcelaine. Les rires fusent, faisant danser la flamme des bougies. La pétillante Dorothy Parker[174], journaliste au *New Yorker*, impressionne par ses traits d'esprit.

Seul l'homme en bout de table reste imperturbable à cette euphorie : le président Calvin Coolidge[175]. Fidèle à sa réputation d'homme taciturne, il n'a pas dit un mot depuis le début du repas, se contentant de mastiquer avec application sa bouchée à la reine, puis le bœuf rôti aux pommes de terre. Alors qu'il est un brillant orateur, il est aussi peu loquace durant les soirées que son épouse Grace[176] est volubile.

Les serviteurs en livrée viennent de cesser leur ballet, laissant chacun à la dégustation du dessert. Quand Dorothy Parker se penche vers son voisin de gauche pour lui chuchoter quelques mots d'un air espiègle. Le jeune homme acquiesce d'un sourire malicieux en lissant sa fine moustache à la Proust.

Dorothy se tourne alors vers le président à sa droite et lance, bien fort pour que tout le monde entende : « J'ai parié avec mon ami que je pourrais vous faire dire au moins trois mots, ce soir. » Tous les couverts s'immobilisent. Calvin Coolidge repose, comme en visant, le verre qu'il était en train de boire. Sur son visage s'affiche une petite moue, la même qu'il aurait s'il venait d'être forcé à « manger des cornichons au vinaigre[177] ». On n'entend plus que le chuintement des bougies. Il fixe son interlocutrice et, sans émotion apparente, laisse tomber : « Perdu. »

Dorothy Parker, bonne perdante, ne peut s'empêcher de rire du bon tour que vient de lui jouer le président. Et tous les convives, avec elle, se réjouissent de cette savoureuse réplique. Coolidge vient de remporter le premier prix de concision.

oncision n'est pas brièveté. La brièveté se focalise sur le nombre minimal de mots, quand la concision insiste sur la clarté du propos.

La concision est l'art de s'exprimer en utilisant le moins de mots possible tout en transmettant efficacement le message. C'est un style succinct qui préfère l'efficacité à l'éloquence. La concision évite les redondances, les digressions et les mots superflus.

Personnalité austère, le président Calvin Coolidge passait pour un maître de la concision. « Les paroles d'un président ont un poids énorme et ne doivent pas être utilisées sans discernement. », écrivit-il un jour[178].

Dans tes prises de parole, utilise la concision pour allier la clarté de ton propos à l'économie de mots.

Entraîne-toi en récrivant des discours, les tiens ou ceux d'autres orateurs, jusqu'à les ramener à 50 % ou 30 % de leur longueur, tout en préservant le message initial et la force de l'argumentation.

Connexion

« C'est une page de l'histoire des Télécoms qui se tourne au profit des nouvelles technologies – STOP – Bon vent et merci à tous nos collègues qui faisaient encore fonctionner ce service – STOP». C'est le texte du dernier télégramme français. Le « petit bleu », comme on l'appelait à cause de la couleur caractéristique de son papier, est mort le 30 avril 2018 à 23 h 59. Il était en service depuis 1851. Facturé au mot, le télégramme forçait à la concision. Ainsi était né le « style télégraphique », une économie de mots motivée à l'origine par l'économie d'argent.

51

Le Discours le Plus Perché

— Tu as réfléchi à ce que tu vas dire, Neil? demande Aldrin[179].

— Quoi? marmonne Armstrong[180], préoccupé.

— Le discours que tu vas dire quand on aura aluni…

— J'pense qu'à ça d'puis des semaines. C'est… C'est pas mon truc, moi, les grandes phrases.

— Il faut vraiment que tu trouves quelque chose, Neil. Tu peux pas juste dire: « Bien arrivés. »

— Là, tu m'tentes.

— Tu te rends compte qu'à 384 467 kilomètres d'ici, le monde entier va te regarder et t'écouter, que ça restera dans l'Histoire[181].

— Et c'est censé m'rassurer? Dis-le, toi c'discours!

— Sûrement pas! Les gens s'attendent à ce que ce soit le commandant d'Apollo 11[182] qui parle.

— Mais j'sais pas quoi dire, Buzz.

— Me dis pas que tu as plus peur de parler en public que d'aller sur la Lune?

— Ben, si!

— Non, mais je rêve! Tu as fait la guerre de Corée, tu as été pilote d'essai, tu as survécu à je ne sais combien d'accidents en vol. Tu ne devrais avoir peur de rien… Tu n'as pas besoin de faire de grandes phrases, tu sais. Dis juste quelques mots.

— Comme aux Oscar?

— Ah non! Si tu remercies toute la NASA[183], on n'aura jamais assez de vivres!

— Alors, qu'est-ce que j'dis?

— Visualise la scène: tu ouvres l'écoutille, puis tu commences à descendre les neuf barreaux de l'échelle, tu actionnes au passage la caméra de télévision, et là, tu touches le sol, tu te retournes et tu fais un pas en avant[184]. En tant qu'homme, qu'est-ce que tu ressens à cet instant? Qu'est-ce que tu dis de grand à l'humanité?

— Ça y est! J'crois qu'je l'ai! Écoute ça: c'est un pas… non… un p'tit pas… C'est un p'tit pas pour l'homme que je suis, mais un plus grand… mais… mais un grand pas pour l'hum… C'est un p'tit pas pour l'homme, mais un grand pas pour l'humanité[185]!

— Ouais! Génial! Ça, ça va rester dans l'Histoire! Mais essaye quand même d'articuler[186]!

uel est le point commun entre le discours de la Pasionaria[187] au balcon du ministère de l'Intérieur à Madrid, le discours de l'Hôtel de Ville du général de Gaulle[188] à Paris et le discours à Berlin-Ouest de John Kennedy[189] ? Ils ont tous marqué l'Histoire d'une seule phrase. « *¡No pasarán[190]!* », pour la Pasionaria ; « *Paris outragé ! Paris brisé ! Paris martyrisé ! mais Paris libéré[191] !* », pour de Gaulle ; « *Ich bin ein Berliner[192]!* », pour Kennedy. Ces petites phrases percutantes, ces phrases-chocs, ces *punchlines[193]*, comme on dit aujourd'hui, sont imprimées dans les cerveaux pour toujours.

Une pépite verbale, ça se prépare. Il s'agit d'aller droit au but. Travaille à sa pertinence autant qu'à son auto-suffisance. Fais en sorte qu'elle puisse être extraite de ton texte et garder toute sa charge. Vise autant le cœur que l'esprit. Peu de mots suffisent parfois pour rester dans les mémoires. Rends tes *punchlines* aussi pénétrantes que l'éclair. Aiguise-les sur la pierre de la concision. Puis plonge-les dans un reflet d'émotion. Fais tout cela avec le plus grand soin. C'est peut-être tout ce que l'on retiendra de ton discours.

Connexion

En haute couture, généralement, un styliste se concentre sur une, deux ou trois pièces de sa collection. Il fait tout pour que ces pièces maîtresses fassent sensation, qu'elles soient mémorables. Parce qu'il sait qu'un seul vêtement peut définir toute une collection. C'est pourquoi, pour ces quelques pièces, il se concentre sur les détails, choisit les matériaux les plus fins et prend son temps pour parfaire chaque couture. Tout doit être façonné avec la plus grande précision. Ce n'est pas la traîne de la robe qui compte, mais la trace qu'elle laisse !

IV

Rencontre & Relation

18

Une Journée Qui Promet

C'est le grand jour. Voilà 73 jours qu'il a remporté les élections présidentielles qui ont fait de lui le plus jeune président des États-Unis. Aujourd'hui, 20 janvier 1961, il prend officiellement les commandes de la première puissance mondiale. « Moi, John Fitzgerald Kennedy[194], jure solennellement […] » Sous les applaudissements de la foule, le 35e président des États-Unis vient de prêter serment. Lyndon B. Johnson[195], son vice-président, puis Richard Nixon[196], le candidat malheureux, le félicitent chaleureusement.

John Kennedy se tourne alors vers le public du Capitole pour son discours d'investiture[197]. Il le travaille depuis le mois de novembre; il en a pesé chaque mot, conscient de l'espoir qu'il doit insuffler, non seulement à la nation américaine, mais aussi, en tant que leader mondial, à l'humanité tout entière. Sa montre Omega Slimline[198] affiche 12 h 51. « Nous célébrons aujourd'hui non pas la victoire d'un parti, mais celle de la liberté, qui symbolise aussi bien une fin qu'un commencement, et qui marque un renouveau et un changement. »

John Kennedy s'engage envers tous les peuples : « À nos anciens alliés […] À ces jeunes États que nous accueillons parmi les États libres […] À ces hommes qui vivent dans des cabanes […] À nos républiques sœurs au sud de nos frontières […] » Il tend même la main au bloc de l'Est : « Ne bâtissons jamais de négociations sur la peur. Mais n'ayons jamais peur de négocier. Que les deux camps étudient les problèmes qui nous unissent plutôt que d'aggraver ceux qui nous divisent. »

En conclusion, le nouveau chef d'État fixe le contrat de son mandat : « Ainsi, mes chers compatriotes américains : ne demandez pas ce que votre pays peut faire pour vous, mais bien ce que vous pouvez faire pour votre pays. Mes chers concitoyens du monde : ne demandez pas ce que l'Amérique peut faire pour vous, mais ce qu'ensemble nous pouvons faire pour la liberté de l'homme. Enfin, que vous soyez citoyens d'Amérique ou citoyens du monde, exigez de nous autant de force et de sacrifices que nous vous en demandons. » 13 minutes et 59 secondes se sont écoulées.

C'est la parole d'un homme d'État : « La seule raison valable de prononcer un discours est de changer le monde. » Avec un tel état d'esprit, il n'est pas étonnant que JFK ait prononcé certains des discours les plus inspirants du XXe siècle. Florilège[199] :

11 janvier 1962, sur l'état de l'Union[200] : « La richesse n'est qu'un moyen, dont la population est une fin. Toutes nos richesses matérielles ne nous apporteront pas grand-chose si nous ne les employons pas à augmenter les chances offertes à la population. »

22 octobre 1962, sur la crise de Cuba[201] : « Notre but n'est pas la victoire de la force, mais la défense du droit ; pas la paix aux dépens de la liberté, mais la paix et la liberté dans cet hémisphère et, nous l'espérons, dans le monde entier. »

10 juin 1963, sur la paix dans le monde[202] : « Notre lien commun fondamental, c'est le fait que nous habitons tous sur cette planète. Nous respirons tous le même air. Nous chérissons tous l'avenir de nos enfants. Et nous sommes tous mortels. »

Connexion

L'efficacité d'un bon mentorat repose souvent sur la puissance des mots. Un mentor guide, conseille et inspire. Il peut déclencher une révolution intérieure, aider à trouver un sens à sa vie. Face aux défis, un mentor souligne l'importance d'agir avec intégrité, de chercher des solutions équilibrées, sans compromettre ses principes. Il ne s'agit pas de chercher une victoire éphémère, mais de préserver des valeurs durables. Enfin, un mentor inspirant insiste sur la portée de nos actions sur le monde… Et s'il est aussi inspirant que John Kennedy, on doit pouvoir décrocher la lune !

Aux Âmes Bien Nées...

Depuis le 7 septembre 1940, le Royaume-Uni, seul pays d'Europe à résister encore à Hitler, est constamment bombardé[203] par la Luftwaffe[204]. Craignant l'invasion de la Grande-Bretagne par les nazis imminente, le gouvernement organise l'évacuation des enfants hors de portée de la menace ennemie[205]. Pour tous ces enfants, c'est un déchirement et une profonde inquiétude.

Par solidarité avec le peuple, le roi George VI[206] et toute la famille royale ont décidé de rester à Londres, endurant, comme tous les Britanniques, le *blitz*[207] et les restrictions. C'est dans cet élan de compassion, que le 13 octobre 1940, sur la BBC, deux jours après que la cathédrale Saint-Paul a été touchée lors d'un bombardement[208], la petite Élisabeth[209], 14 ans, princesse d'York, héritière du trône, fait sa première déclaration publique.

« En vous souhaitant à tous "bonsoir", j'ai l'impression de m'adresser à des amis et à des compagnons qui ont partagé avec ma sœur et moi de nombreuses *Children's Hours*[210]. Des milliers d'entre vous dans ce pays ont dû quitter leur foyer et être séparés de leurs pères et mères. Ma sœur Margaret Rose[211] et moi pensons à vous, car nous savons par expérience ce que signifie être loin de ceux que nous aimons le plus. À vous, qui vivez dans un nouvel endroit, nous adressons un message de vraie sympathie et, en même temps, nous tenons à remercier les personnes aimables qui vous ont accueillis dans leurs maisons. »

Élisabeth continue ainsi, en son nom et en celui de sa sœur, à témoigner son amitié à tous les enfants exilés, avant de conclure : « Nous savons, chacun de nous, qu'à la fin tout ira bien ; car Dieu prendra soin de nous et nous donnera la victoire et la paix. Et quand la paix viendra, rappelez-vous que ce sera à nous, les enfants d'aujourd'hui, de faire du monde de demain un endroit meilleur et plus heureux. Ma sœur est à mes côtés et nous allons toutes les deux vous dire bonne nuit. C'est à toi, Margaret... » La cadette s'approche du micro : « Bonne nuit, les enfants. » Puis Élisabeth reprend : « Bonne nuit et bonne chance à vous tous[212]. »

ontrant qu'elle est une enfant comme les autres, qui écoute l'émission *Children's Hour*, la jeune Élisabeth établit d'emblée la connexion avec ses petits compatriotes. Au fil de son discours, d'un ton rassurant, l'héritière du trône témoigne de son empathie avec la jeunesse expatriée : « Nous tous, les enfants qui sommes encore à la maison, pensons continuellement à nos amis et relations qui sont partis à l'étranger. » Ainsi crée-t-elle une proximité propice à une communication authentique.

Un orateur empathique est un orateur capable de s'identifier à son auditoire, de se mettre à la place de ses interlocuteurs. En cherchant à comprendre ce que pensent ou ressentent ceux qui l'écoutent, il est sûr de trouver le moyen de susciter leur intérêt.

L'empathie est la meilleure manière de toucher l'auditeur en répondant concrètement à ses besoins tant matériels qu'émotionnels. Pour cela, l'orateur doit faire preuve d'une grande qualité d'écoute. Car s'il se fait entendre par la bouche, il parle grâce à ses oreilles.

Connexion

La puissance de conviction de l'empathie pourrait bien être le fruit des neurones miroirs. Les neurones miroirs sont des cellules nerveuses de notre cerveau qui s'activent aussi bien lorsque nous effectuons une action que lorsque nous observons cette même action réalisée par quelqu'un d'autre. Imagine que tu regardes quelqu'un cueillir une pomme. Même si tu restes immobile, les neurones miroirs de ton cerveau s'activeront comme si tu attrapais toi-même la pomme. Mais ne rêve pas : tu ne perdras pas trois kilos simplement en regardant un marathon à la télé.

Comment Rompre l'Ennui

Voilà maintenant près de quarante minutes que parle André Comte-Sponville[213]. À cet instant, il y a sûrement longtemps que ton professeur de philosophie de terminale t'aurait perdu, peut-être dès l'introduction. Pourtant le personnel des Hôpitaux universitaires de Genève, devant qui le philosophe tient sa conférence, est captivé. « Le bonheur au travail », rien que le titre antithétique a de quoi faire fuir[214]. Bonheur et travail, quoi de plus antinomique ? Il l'a d'ailleurs bien volontiers reconnu au terme de son introduction : « Contrairement à ce qu'on dit dans la plupart des livres de management, le travail et le bonheur ne vont pas spontanément ensemble. Disons-le et soyons honnêtes, pour une fois : être heureux, tout le monde est pour, travailler, on ne préférerait pas. »

Aux deux tiers de son intervention, l'orateur tient toujours son public. Tout le monde a survécu à Spinoza[215] – « Le désir est l'essence même de l'homme. », et à Platon[216] – « L'amour est désir et le désir est manque. » Sûr de lui, c'est le moment que choisit André Comte-Sponville pour parler de… l'ennui… Quelle ironie ! « La phrase la plus triste de toute l'histoire de la philosophie, selon moi, écrite par Schopenhauer[217], est la phrase suivante : "Ainsi, toute notre vie oscille comme un pendule de droite à gauche, de la souffrance à l'ennui." » Laissant passer quelques rires, le philosophe explique : « Souffrance, parce que je désire ce que je n'ai pas – et je souffre de ce manque. Ennui, parce que j'ai ce que dès lors je ne désire plus. Souffrance du chômeur, ennui du salarié [rires]. Souffrance du chagrin d'amour, ennui du couple [rires légers]. Ça, ça vous amuse moins ! » Pour le plus grand plaisir de ses auditeurs, André Comte-Sponville enchaîne alors les aphorismes : « Un couple heureux, ce n'est pas un couple où l'on ne s'ennuie jamais. Un couple heureux, c'est un couple où l'on s'ennuie beaucoup moins à deux que tout seul [rires]. Un boulot heureux, ce n'est pas un métier où l'on ne s'ennuie jamais. C'est parfois un métier où l'on s'ennuie moins que pendant les vacances. [rires] »

À la fin, tout le monde aura compris pourquoi il vaut mieux passer sa journée de travail avec Spinoza plutôt qu'avec Schopenhauer[218].

L'humour offre à l'orateur de nombreux avantages. Il permet, entre autres, de créer la sympathie, de dédramatiser des situations, d'améliorer la réceptivité, de renforcer un message, de favoriser l'apprentissage, de faciliter la mémorisation, etc. Mais lorsqu'il s'agit de traiter de sujets complexes ou rebutants pour certains, la vertu la plus utile de l'humour est, sans conteste, de maintenir l'attention afin d'éviter que l'auditoire ne décroche. André Comte-Sponville est sûrement lucide sur l'engouement que peut susciter la philosophie en entreprise. C'est pourquoi, tout en faisant passer son message, il tient son public par l'humour.

Le rire active successivement deux systèmes physiologiques antagonistes : le système nerveux sympathique et le système nerveux parasympathique. Le premier, grâce notamment à l'adrénaline et à la noradrénaline, stimule la vigilance. Le second a exactement l'effet inverse, provoquant, par l'hormone ocytocine, un effet d'apaisement et de détente[219]. Avec un trait d'humour de temps à autre, l'orateur marque une rupture qui relance avec vivacité l'attention de l'auditoire et lui procure de la détente.

Connexion

Cette alternance entre périodes actives et périodes passives se retrouve dans le HIIT *(High Intensity Interval Training)*, l'entraînement fractionné de haute intensité : exercices (activation du système nerveux sympathique) et récupération (activation du système nerveux parasympathique). Cette méthode améliore la condition physique plus efficacement que l'effort continu. Elle agit notamment sur le fonctionnement du système cardiovasculaire et de l'appareil respiratoire[220], et réduit la masse adipeuse[221]. Ça ne veut pas dire qu'on est plus efficace en faisant les choses à moitié !

Rendez-Vous à Tilbury

117 navires, 18 000 soldats. C'est l'Invincible Armada[222], venue envahir l'Angleterre. Au large des côtes françaises, commence la Bataille de Gravelines[223].

Pendant ce temps-là, au Fort Tilbury planté à l'embouchure de la Tamise, des troupes anglaises se tiennent prêtes à contrer le débarquement, depuis Dunkerque, du duc de Parme[224], allié des Espagnols. Une certaine fébrilité est palpable dans le camp. Mais ce n'est pas en raison de la bataille imminente : la reine est annoncée.

Justement, Élisabeth Ire [225] entre dans l'enceinte, escortée de six hommes. Cuirasse en argent sur robe de velours blanc, elle apparaît telle Athéna[226]. Juchée sur son blanc destrier richement harnaché, avec à sa droite le Comte de Leicester[227], son général, la reine passe les troupes en revue.

« Je viens ici parmi vous, comme vous pouvez le voir, non pour me distraire et m'amuser, mais bien résolue, au plus fort de la bataille, à vivre et à mourir au milieu de vous tous ; à coucher, au nom de mon Dieu, de mon royaume et de mon peuple, mon honneur et mon sang, même dans la poussière. » Les soldats, subjugués, écoutent en silence.

« Je sais bien que j'ai le corps d'une femme faible et fragile », concède-t-elle, puis forçant sa voix, comme pour se faire entendre au-delà des mers : « Mais j'ai le cœur et les tripes d'un roi, et d'un roi d'Angleterre qui plus est[228]. »

Élisabeth saisit son casque d'argent que tient un page sur un coussin rouge et or, et s'en coiffe d'un geste déterminé. Après avoir rangé une mèche, elle conclut, confiante et encourageante : « Comptant sur votre obéissance à mon général, sur votre bonne entente dans le campement, et sur votre vaillance sur le champ de bataille, je ne doute pas un instant que nous parvenions sous peu à une victoire glorieuse sur les ennemis de mon Dieu, de mon royaume et de mes sujets[229]. »

haranguer se fait généralement en temps de guerre. Cela peut se faire aussi en temps de paix, mais toujours dans un esprit guerrier, comme, par exemple, au cours d'un rassemblement politique.

Tu auras sans doute plus souvent l'occasion de faire des discours de motivation. Le discours de motivation, qui est aujourd'hui, la star des discours, peut être rapproché de la harangue du fait que, dans les deux cas, il s'agit d'inciter des gens à donner le meilleur d'eux-mêmes. Mais les deux se distinguent par l'adresse. La harangue s'adresse à un groupe, à une troupe, à une équipe… à des gens qui font corps et qui bougeront ensemble. Tandis que le discours motivationnel parle à chaque individu au sein de l'assemblée; et l'orateur ne s'attend pas à ce que ses auditeurs réagissent tous avec la même intensité, au même moment. Il s'agit de court-circuiter les croyances limitantes de l'auditeur pour le faire passer à l'action. Une étape cruciale dans ce type de discours est de lui faire visualiser ce que serait sa vie s'il passait à l'action, ce que ça changerait, pour lui, pour ses proches et pour le monde.

Connexion

Dans le sport, la « causerie d'avant-match » est un moment déterminant où l'entraîneur utilise à la fois des éléments de la harangue (parler à l'équipe comme un tout) et du discours motivationnel (atteindre chaque joueur sur un plan individuel). L'objectif est d'amener chaque membre de l'équipe à se surpasser pour la victoire collective. Pour cela, le coach, renforce le sentiment d'unité du groupe, stimule la volonté personnelle de chaque sportif et encourage les joueurs à visualiser le succès. Bon, ça ne marche pas toujours pour faire ranger leur chambre aux enfants.

Caresser le Visage de Dieu

Ronald Reagan[230], l'air grave, apparaît sur l'écran de télévision, depuis le bureau ovale[231] de la Maison-Blanche[232] : « Mesdames et Messieurs, j'avais prévu de m'adresser à vous ce soir pour vous parler de l'état de l'Union[233], mais les événements survenus plus tôt dans la journée m'ont amené à changer mes plans. » Le président est visiblement ému : « Aujourd'hui est un jour de deuil et de souvenir. Nancy[234] et moi sommes profondément touchés par la tragédie de la navette *Challenger*[235]. Nous savons que nous partageons cette douleur avec tous les habitants de notre pays. Il s'agit véritablement d'une perte nationale. »

Quelques heures plus tôt, après seulement soixante-treize secondes de vol, la navette spatiale américaine *Challenger* se désintégrait à 3 200 km/h en direct devant les caméras du monde entier, avec à son bord six astronautes professionnels et une jeune professeur[236]. Malgré l'émotion qui le traverse, le président poursuit, célébrant le courage des sept héros qu'il appelle par leur nom[237]. Puis, s'adressant aux familles des victimes : « Nous ne pouvons pas endurer, comme vous, tout l'impact de cette tragédie. Mais nous ressentons cette perte et nous pensons beaucoup à vous. »

Christa McAuliffe[238], 38 ans, la « prof de l'espace », comme on la surnommait, avait été choisie parmi 11 500 postulants pour devenir la première civile de l'espace. Elle devait donner un cours en direct depuis les étoiles. « Et je voudrais dire quelque chose aux écoliers américains[239] qui ont suivi en direct le décollage de la navette. Je sais que c'est difficile à comprendre, mais il arrive que des choses douloureuses comme celles-ci se produisent. Cela fait partie du processus d'exploration et de découverte. »

Ronald Reagan continue par un hommage aux membres de la NASA[240], avant de conclure à propos des « Sept de *Challenger* » : « Nous ne les oublierons jamais, ni la dernière fois que nous les avons vus, ce matin, alors qu'ils se préparaient pour leur voyage, qu'ils nous saluaient et qu'ils "se libéraient des chaînes de la terre" pour "caresser le visage de Dieu"[241]. »

onald Reagan aborde son discours en faisant le choix d'une segmentation de son public parfaitement adaptée aux circonstances. De la sorte, il entre en résonance avec chaque frange de son auditoire. De plus, changeant de posture d'un segment à l'autre, il rend chaque fois la connexion plus juste[242].

D'abord, en président des États-Unis, il s'adresse à la nation en proie à la stupéfaction. Puis, immédiatement, faisant preuve d'empathie, il parle en tant qu'ami aux familles des victimes, directement concernées par la tragédie. De là, il passe à la posture du parent, avec pédagogie, pour dire un mot aux écoliers. Puis c'est le leader mondial qui s'exprime, faisant, à l'attention des Soviétiques, allusion à la transparence de la recherche américaine. Enfin, le chef d'entreprise n'oublie pas de s'adresser aux collaborateurs de la NASA, dont il salue le dévouement, avant de conclure en poésie et en chrétien.

Pour une connexion juste et authentique, apprends à connaître ton public, comprends ses émotions et parle-lui de ce qui le concerne au premier chef avec les mots justes.

Connexion

Être en mesure de parler à plusieurs publics en même temps, c'est ce que savent très bien faire la plupart des films pour enfants. En effet, les enfants ne vont pas seuls au cinéma. Scénaristes et réalisateurs doivent donc veiller à ce que les parents qui les accompagnent passent aussi un bon moment. Dans *E.T., l'extra-terrestre*[243], Steven Spielberg[244] réussit cela à merveille : l'aventure et l'amitié pour les plus jeunes, la dynamique parent-enfant pour les adultes. Uderzo[245] et Goscinny[246], avec *Astérix*[247], doivent leur succès à la même stratégie : le rire de l'adulte n'est pas le même que celui de l'enfant.

L'Origine de l'Ovation

Nous sommes en 503 av. J.-C. Rome s'apprête à célébrer la première ovation de la toute jeune république proclamée par Junius Brutus[248]. Sur les pavés chauds de la Via Sacra[249], le peuple se presse, épaule contre épaule.

À l'entrée de la voie, le voici qui apparaît, majestueux dans sa toge prétexte[250] aux plis impeccables, la tête ceinte de l'*ovalis corona*[251] : Publius Postumius Tubertus[252], le consul qui a mis fin, sur les bords de l'Aniene[253], aux incessantes incursions des Sabins[254] dans le Latium[255]. S'élèvent alors les chants de liesse réservés aux héros. Cette ovation, Publius l'a méritée pour avoir, selon Pline l'Ancien[256], « vaincu sans engagement sérieux et sans répandre de sang[257] ».

Dans les pas du vainqueur, marche le consul Marcus Valerius Volusus[258], son frère d'armes, accompagné de joueurs de flûte. Viennent ensuite les chevaliers[259], reconnaissables à leurs tuniques angusticlaves[260], et quelques légionnaires, dont l'un a l'honneur de porter la bannière SPQR[261].

Au rythme de la musique et des chants, la petite troupe, suivie de la plèbe enthousiaste, remonte en procession la Via Sacra jusqu'au Forum[262], puis emprunte le Clivus Capitolinus[263] qui monte jusqu'au Capitole[264], au pied du Temple de Jupiter[265], là où l'accueillent des patriciens.

Se plaçant devant les colonnes du sanctuaire dédié au dieu *optimus maximus*[266], Publius attend que la foule occupe entièrement l'aire Capitoline[267] devant lui. Une fois le calme obtenu, le chef de guerre livre son discours de victoire à la gloire de Rome. Le public, ravi par son éloquence, ne manque pas de réagir par des cris de joie.

Son discours à peine terminé, le héros s'approche de l'autel. C'est le moment tant attendu : le sacrifice des brebis, l'apogée de la fête. Le banquet et les jeux peuvent commencer. À en juger par l'enthousiasme des spectateurs, Publius a réussi son ovation, la toute première de l'histoire glorieuse de Rome.

Le discours de victoire trouve son origine dans la Rome antique. Lorsqu'un général remportait une victoire notable, il recevait une «ovation», du latin *ovatio* (petit triomphe). Le terme dériverait du latin *ovis*, qui signifie «brebis», car des brebis étaient sacrifiées à Jupiter, contrairement à ce qui se pratiquait dans le cadre du triomphe[268], plus prestigieux, au cours duquel un taureau était sur l'autel.

Le Sénat accordait une ovation plutôt qu'un triomphe, lorsque le combat était de peu d'importance, lorsque l'ennemi n'était pas entièrement anéanti, ou lorsque la victoire avait été remportée sans verser de sang. Durant son ovation, le général livrait un discours relatant ses exploits. Ce rituel créait un lien direct entre le leader et le peuple validant la victoire.

Le record de la plus longue ovation est détenu par le ténor Placido Domingo pour sa performance dans *Otello* de Verdi à Vienne le 30 juin 1991: 80 minutes d'applaudissements debout (101 rappels)[269]. Te voici avec un record à battre!

Connexion

Il est amusant de constater que ce rituel ancestral de l'ovation n'a pas disparu, mais a évolué, transposé à notre ère moderne. Les discours de victoire sont toujours d'actualité, que ce soit dans le sport, la politique ou au cours d'une remise de prix, dans le cinéma, notamment. Alors, la prochaine fois que tu entendras un athlète, un homme politique ou une actrice remercier ses fans après une victoire, rappelle-toi que ce moment est l'écho d'une tradition millénaire. Il ne manque que le méchoui et l'esclave qui murmure: «*Memento mori*[270].»

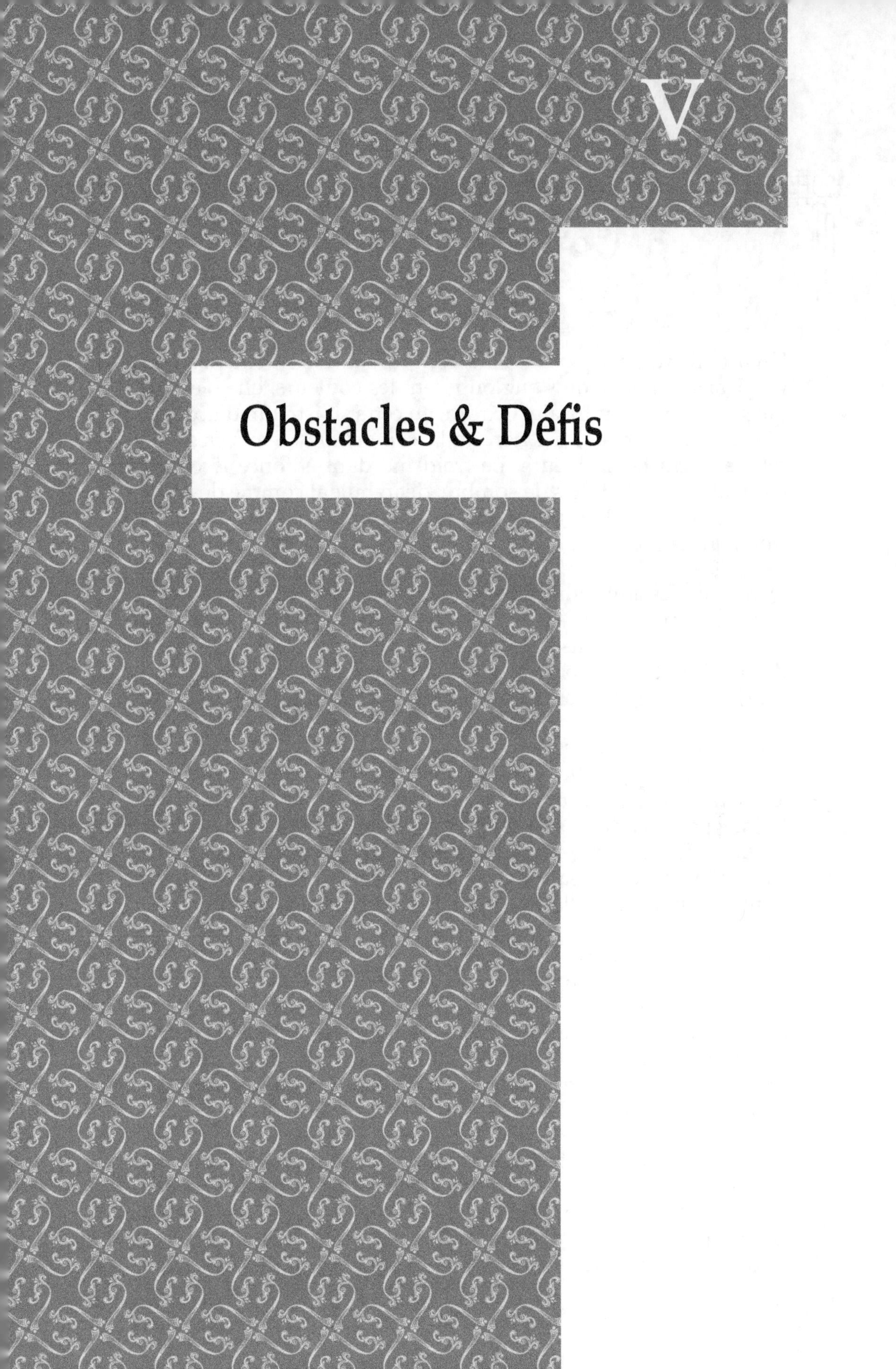

V

Obstacles & Défis

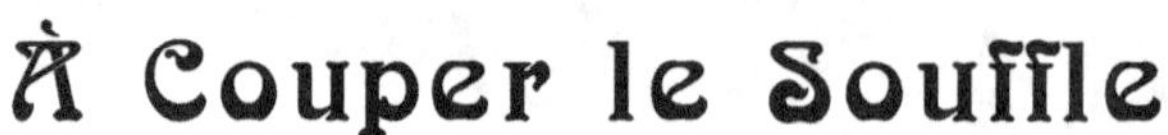

À Couper le Souffle

Un brouillard épais noie la ville dont les sommets peinent à émerger. Dans ce nuage où s'engloutissent les couleurs, elle n'est plus qu'une esquisse au fusain. Oxford, en cette sinistre fin d'après-midi du mois de mars, n'a rien de la « *city of dreaming spires*[271] », la ville aux clochers rêveurs. Le froid mordant enfonce le cou des passants. Tous, habillés de sombre, déambulent comme de vieilles ombres, voûtés. Bien malin, qui pourrait reconnaître un ami, un frère, une sœur.

Dans l'un des amphithéâtres de l'université séculaire, les sièges se garnissent peu à peu. Des étudiants, bien sûr, mais aussi des personnes plus âgées s'installent en silence. Ils sont là pour la première d'une série de huit conférences dispensées par l'astrophysicienne Clarisse Martel, l'experte des trous noirs supermassifs.

C'est sa toute première intervention. Clarisse Martel a longtemps repoussé cette épreuve. Elle ne vit que pour la recherche. Mais aujourd'hui, malgré ses réticences, elle se doit de répondre aux invitations pour partager son savoir. La vérité, c'est qu'elle est morte de peur. Tandis que le vice-chancelier de l'université assure l'introduction devant la salle désormais comble, Clarisse, en retrait, se demande pourquoi elle a accepté de s'infliger cette torture.

Ça y est : c'est à elle ! Clarisse entame sa marche funèbre jusqu'au pupitre. Ses jambes tremblent, les battements de son cœur l'envahissent. Elle sent ses aisselles qui ruissellent ; ses mains moites agrippent le lutrin comme la dernière planche d'un navire. Dans sa tête, c'est *Le naufrage*[272] de William Turner[273]. Sa gorge, aride, lui fait mal. Ses lèvres sont soudées. Tel un papillon piégé dans un cocon, chaque mot se bat pour sortir, mais reste emprisonné.

Au milieu de la tempête, le regard de Clarisse tombe sur les armoiries de l'Université d'Oxford : « *Dominus illuminatio mea* », « Le Seigneur est ma lumière ». D'un coup, le brouillard se dissipe, comme par la grâce : « Bonjour… » Un petit mot pour le public, un énorme pour la glossophobe.

Glossophobie, du grec *glossa*, «la langue», et *phobos*, «la peur» : peur de parler en public, un phénomène psychologique d'ampleur qui touche approximativement 75% de la population[274].

Liée à l'anxiété sociale, la glossophobie se traduit par une détresse psychologique et des symptômes physiques, parfois paralysants, à l'idée de s'exprimer en public. Ce n'est pas simplement de la timidité ou le trac.

Derrière cette anxiété, se cache, au fond, la peur ancestrale d'être jugé défavorablement et rejeté du groupe social, ce qui autrefois signait la mort certaine de l'individu, incapable d'assurer seul sa survie dans la nature.

Parmi les solutions naturelles de traitement de la glossophobie, figurent les psychothérapies, la sophrologie[275], l'EFT[276] et les thérapies cognitivo-comportementales. Les thérapies par exposition, comme le coaching, les stages et les groupes de paroles[277] montrent aussi une grande efficacité. Encore rare, la réalité virtuelle, aux résultats encourageants, offre un nouvel espoir aux glossophobes.

Connexion

Selon un mythe assez répandu, la glossophobie serait la plus grande peur, devant la peur de mourir. Ce qui fit dire à l'humoriste Jerry Seinfeld[278] : «Si vous deviez assister à un enterrement, vous préféreriez être dans le cercueil plutôt que de faire l'éloge funèbre[279].» En fait, d'après une étude de l'Université de Chapman[280], la plus grande peur des Américains est… la corruption des fonctionnaires. La glossophobie n'arrive qu'en 54ᵉ position, derrière la mort, mais avant l'enlèvement, les reptiles, les seringues et les zombies. Au moins, parler n'a jamais tué un orateur !

25

La Force de la Vulnérabilité

Derrière son pupitre, l'homme n'est visiblement pas très à l'aise, intimidé. On le sait : en interview, il ne termine presque jamais ses phrases, son rythme est heurté, il semble perdu[281]. C'est la première fois qu'il parle devant autant de monde. S'il a pris sur lui aujourd'hui, c'est pour faire honneur à la distinction qui lui a été accordée : le prix Nobel de littérature[282] « pour l'art de la mémoire avec lequel il a évoqué les destins humains les plus insaisissables et dévoilé le monde de l'Occupation ».

Dès le début, Patrick Modiano[283] touche par sa sincérité[284] : « On serait tenté de croire que pour un écrivain, il est naturel et facile de se livrer à cet exercice. Mais un écrivain – ou tout au moins un romancier – a souvent des rapports difficiles avec la parole. » Cela l'auteur l'explique très bien : « Il a une parole hésitante, à cause de son habitude de raturer ses écrits. Bien sûr, après de multiples ratures, son style peut paraître limpide. Mais quand il prend la parole, il n'a plus la ressource de corriger ses hésitations. »

Plus intime, le romancier fait ensuite référence à son enfance dans laquelle sa vocation prend racine. « Et puis j'appartiens à une génération où on ne laissait pas parler les enfants, sauf en certaines occasions assez rares et s'ils en demandaient la permission. Mais on ne les écoutait pas et bien souvent on leur coupait la parole. Voilà ce qui explique la difficulté d'élocution de certains d'entre nous, tantôt hésitante, tantôt trop rapide, comme s'ils craignaient à chaque instant d'être interrompus. D'où, sans doute, ce désir d'écrire qui m'a pris, comme beaucoup d'autres, au sortir de l'enfance. Vous espérez que les adultes vous liront. Ils seront obligés ainsi de vous écouter sans vous interrompre et ils sauront une fois pour toutes ce que vous avez sur le cœur. »

Toujours avec humilité, Modiano évoque, pour finir, ce qui imprègne son écriture : « D'être né en 1945, après que des villes furent détruites et que des populations entières eurent disparu, m'a sans doute, comme ceux de mon âge, rendu plus sensible aux thèmes de la mémoire et de l'oubli[285]. »

On reconnaissant ses difficultés d'élocution, Patrick Modiano montre sa vulnérabilité. Cette honnêteté crée une connexion, une proximité immédiate. Un orateur qui partage des aspects personnels de sa vie peut créer un puissant lien émotionnel avec ses auditeurs.

Lorsqu'ensuite il évoque son désir d'écrire pour être entendu, l'écrivain touche à une aspiration universelle : celle d'être reconnu et compris. Cela encourage l'empathie et l'identification, car beaucoup peuvent se reconnaître dans cette quête de reconnaissance. Enfin, plongeant dans son enfance, livrant ses inspirations et les événements qui ont façonné son écriture, Modiano crée de la sympathie. Les auditeurs ne voient plus seulement l'écrivain célèbre, mais l'enfant qu'il était, avec, comme eux, ses frustrations et ses espoirs.

Révéler une part de soi peut transformer un discours en une expérience mémorable. L'orateur qui partage un morceau de son âme donne à son public une raison de croire non seulement en ses mots, mais aussi en l'être qui les prononce.

Connexion

Dans le sport, la conférence d'après-match est souvent un moment où les athlètes et les entraîneurs peuvent montrer leur vulnérabilité. Lorsqu'ils reconnaissent les défis rencontrés et leurs erreurs, après une défaite déchirante, ils humanisent l'expérience du sport, souvent perçue à travers le prisme unique du résultat. Cette vulnérabilité renforce les liens de confiance avec les supporters et les médias et marque un pas sérieux vers l'amélioration des performances. On ne progresse qu'en tirant des leçons. N'est-ce pas mieux que d'accuser l'arbitre, le terrain ou le climat ?

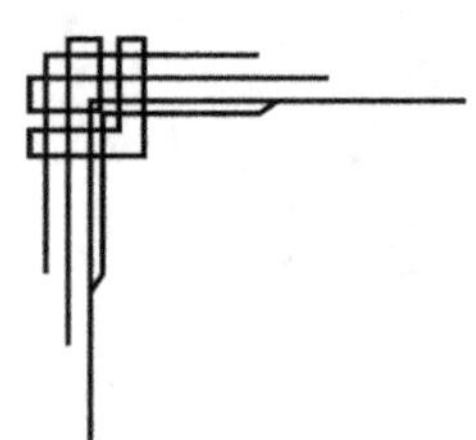
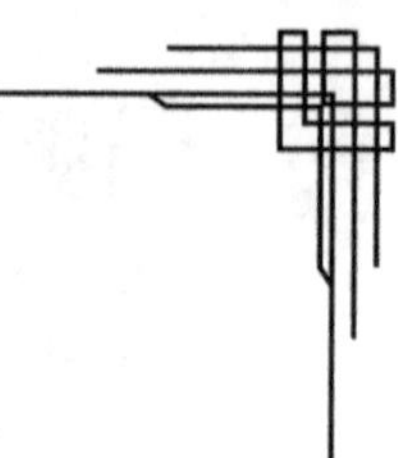

26

À Répétition

En cette fin d'après-midi du 31 octobre 1925, le stade de Wembley[286], habituellement bruyant, baigne dans un silence solennel. L'Exposition impériale britannique[287] arrive à son terme, et tout le monde attend le discours de clôture du prince Albert[288]. La lueur automnale douce, mais froide, ajoute un voile de gravité.

Albert monte sur le podium, se pose devant le micro, l'air empesé et le teint pâle. Au moment où il ouvre la bouche, sa gorge se fissure. Il force, mais aucun son ne s'échappe. Finalement, au prix d'une lutte désespérée, il fait jaillir un grognement, aussi dur qu'un calcul. À l'autre bout du monde, les postes de radio vibrent sans comprendre.

Le prince, raidi, reprend son souffle et revient au combat. Il sent le boulet de chaque syllabe, de chaque lettre, qui se dressent en écueil et le font trébucher. Chaque arrêt creuse son désespoir ; chaque reprise ouvre en lui un puits desséché. Enfin, dans un bruit de chaînes, le voici au bout de la première phrase.

Les auditeurs se figent, le cœur mêlé d'empathie, de pitié, de malaise. Certains détournent le regard pour ne pas ajouter de pression ; d'autres le fixent intensément, souhaitant lui donner de la force. Certains murmurent une prière discrète ; d'autres serrent la main de leur voisin par solidarité.

À chaque hésitation, chaque bégaiement, la foule est en apnée ; à chaque succès, un soupir de soulagement. Le discours, heurté, avance ainsi cahin-caha, comme une voiture calant tous les cinq pieds. Albert lutte avec dignité. S'il est trahi par son corps, il est soutenu par son peuple.

Arrivé au terme de son calvaire, le prince voit une foule tellement soudée, qu'il n'entend qu'un seul applaudissement massif et gigantesque comme les chutes Victoria : respect et gratitude, pour les paroles prononcées, mais aussi pour son courage. Dans le cœur des Anglais, il est désormais saint Georges[289] terrassant le dragon.

Le bégaiement est un trouble de la fluidité verbale caractérisé par des répétitions de syllabes ou de mots, ou encore des pauses anormalement prolongées. Le prince Albert, futur George VI, en est sévèrement affecté depuis l'âge de huit ans et, à cause de cela, redoute de prendre la parole en public[290]. Grâce à de fréquentes consultations chez un thérapeute[291], Lionel Logue[292], et un travail personnel assidu[293], basé notamment sur des respirations et des virelangues[294], le roi réussit à minimiser son handicap[295]. Le discours radiophonique qu'il prononce le 3 septembre 1939 pour annoncer l'entrée en guerre témoigne de ses progrès[296].

Moins grave que le bégaiement, la disfluence verbale non pathologique est un défaut que devrait corriger tout orateur qui aspire à livrer un discours fluide. Elle est faite de ruptures (phrases inachevées), de faux départs, de mots ou de syllabes répétés, de tics de langage (« genre », « du coup »)[297], et d'éléments non lexicaux (« heu »). Il est très difficile d'en prendre conscience pour soi-même. Le meilleur moyen de s'en débarrasser est de s'enregistrer ou d'être assisté d'une oreille attentive.

Connexion

Paradoxalement, plusieurs célébrités atteintes d'un défaut d'élocution ont réussi à investir des métiers de l'oralité: Démosthène[298], Winston Churchill[299], Louis Jouvet[300], Marilyn Monroe[301], Scatman John[302], Joe Biden[303], François Bayrou[304], Bruce Willis[305], Emily Blunt[306], etc.[307] Les thérapies diffèrent: respirations, virelangues, homéopathie, hypnose… Ed Sheeran[308] guérit en rappant sur du Eminem[309]. Quant à Samuel L. Jackon[310], il a recours à une technique peu orthodoxe: il balance des « Motherfucker![311] ». Imagines-tu Sa Majesté George VI ponctuer de jurons son traditionnel discours de Noël?

27

Le Poids de l'Image

Le 26 septembre 1960, les États-Unis s'apprêtent à vivre une grande première : le premier débat télévisé[312] d'une élection présidentielle[313]. Télévisé ? Pas pour tout le monde. Bien qu'il fasse partie des 90 % de foyers américains équipés, William Simpson devra se contenter de la radio, car à l'heure du débat, il sera sur son lieu de travail. Les seuls écrans qu'il aura sous les yeux seront ceux du poste de surveillance qu'il occupe dans la banque qui l'emploie.

Aux prises ce soir-là, deux candidats dont c'est la première présentation à la candidature suprême : le vice-président républicain Richard Nixon[314], 48 ans, et le sénateur démocrate John F. Kennedy[315], 43 ans. Doté d'une solide expérience internationale, Nixon est donné largement favori ; William Simpson, en fidèle républicain, sait déjà qu'il votera pour lui. Kennedy, encore peu connu, souffre d'inexpérience dans les affaires de l'État.

L'émission commence. Après avoir annoncé les règles[316], le journaliste Howard K. Smith[317], qui joue le rôle de modérateur, invite John Kennedy à ouvrir le débat. William Simpson monte le son. La voix du démocrate est posée, calme et confiante. Mais au fur et à mesure des interventions, il apparaît évident à l'employé que Nixon a toute la stature pour devenir le 35e président des États-Unis[318]. Il semble mieux maîtriser ses dossiers, il présente clairement son programme. Pour lui, les jeux sont faits.

Le lendemain matin, en route vers chez lui, William Simpson achète le journal. Quelle n'est pas sa surprise en voyant le titre : « Kennedy vainqueur du débat à 42 % contre 23 % pour Nixon, selon les sondages[319] ! » Arrivé à la maison, il s'assoit à la table de la cuisine, une tasse de café à la main, et commence à lire l'article : « Nixon paraissait mal rasé, fatigué, terne ; il transpirait. Kennedy, au contraire, avait l'air frais et reposé. Certes, la majorité de ceux qui ont écouté le débat de 60 minutes à la radio voteraient Nixon, mais les 60 millions d'Américains devant leur télévision ont été plus largement convaincus par la prestation de Kennedy. » Les États-Unis viennent de découvrir le poids de l'image[320].

Kennedy sera élu président d'une courte tête, le 8 novembre 1960, avec 49,72 % des voix contre 49,55 % pour Nixon. Ce 0,17 % d'écart, sans doute le doit-il à ce fameux débat du 26 septembre.

Dans une ère dominée par le visuel, l'image affirme sa suprématie. Le concept de l'image renvoie à l'influence que peut avoir l'aspect visuel, l'apparence, sur la perception d'une personne, d'un événement ou d'un produit.

Cette idée a pris une importance particulière avec l'avènement des médias visuels, comme la télévision et, plus récemment, Internet. L'aspect visuel peut souvent surpasser d'autres formes d'information lorsqu'il s'agit de former une opinion. C'est cette réalité qui a fait basculer le débat télévisé. D'autant plus que les deux candidats étaient globalement d'accord sur tous les sujets de politique intérieure. La performance visuelle de Kennedy, avec son apparence reposée et sûre de lui, a suscité une impression positive chez les téléspectateurs, malgré le fait que la majorité des auditeurs de radio aient jugé Nixon meilleur sur le fond.

Connexion

« Une image vaut mille mots. » L'adage est attribué à Confucius. Pourtant on n'en trouve la première trace qu'en 1911 dans un article du *Post-Standard,* sous la plume du journaliste Arthur Brisbane[321], pour promouvoir le journalisme illustré. Une formule prophétique écrite bien avant l'avènement de la télévision et d'Internet et encore plus vraie aujourd'hui. Pour dire que nous aimons ou que nous n'aimons pas, nous cliquons simplement sur un pouce. La prochaine fois que tu enverras un emoji, pense aux mille mots que tu auras économisés.

77

Un Discours au Débotté

25 août 1944. Sacrée journée! Au matin, sous un soleil radieux, le général Leclerc[322] et sa 2ᵉ DB[323] entrent dans Paris par la porte d'Orléans. En maints quartiers de la capitale, de féroces combats s'engagent, avec l'aide des FFI[324] du colonel Rol-Tanguy[325] et même le soutien des policiers, qui trouvent là une occasion de sauver leur honneur. À 15h30, à la Préfecture de Police, le général von Choltitz[326], gouverneur du *Groß Paris*[327], à la tête de 20 000 hommes et d'une cinquantaine de chars, signe la capitulation des Allemands. C'est la Libération de Paris, une bataille qui a commencé véritablement le 19. La capitale ne sera donc pas rasée comme l'avait ordonné le Fürher le 7 août: «Paris ne doit pas tomber aux mains de l'ennemi, ou alors que ce soit un champ de ruines». Mais il en aura coûté aux Parisiens 1 630 tués et 3 892 blessés. Le général de Gaulle[328], chef du Gouvernement provisoire de la République française, rejoint Leclerc vers 16h à son quartier général, gare Montparnasse. Il s'installe ensuite au ministère de la Guerre, rue Saint-Dominique, dans le bureau même qu'il occupait quatre ans auparavant, lorsqu'il était sous-secrétaire d'État à la Guerre et à la Défense nationale. Puis, après une halte à la préfecture de police, le sauveur, malgré des tirs sporadiques, se rend à 19h à l'Hôtel de Ville.

Après son discours sur le parvis, Georges Bidault[329], président du Conseil national de la Résistance[330], passe la parole au général de Gaulle. Celui-ci, sans képi, dépassant d'une tête la foule massée autour de lui, prend son inspiration. Il ne lit pas un texte comme il le faisait presque chaque jour depuis le 18 juin 1940[331] au micro de la BBC. De Gaulle laisse parler son cœur: «Pourquoi voulez-vous que nous dissimulions l'émotion qui nous étreint tous, hommes et femmes, qui sommes ici, chez nous, dans Paris debout pour se libérer et qui a su le faire de ses mains? Non! Nous ne dissimulerons pas cette émotion profonde et sacrée. Il y a là des minutes qui dépassent chacune de nos pauvres vies. Paris! Paris outragé! Paris brisé! Paris martyrisé! Mais Paris libéré, libéré par lui-même, libéré par son peuple avec le concours des armées de la France, avec l'appui et le concours de la France tout entière, de la France qui se bat, de la seule France, de la vraie France, de la France éternelle[332]. »

Une bonne improvisation… ça ne s'improvise pas. Au contraire. De Gaulle ne savait peut-être pas quels mots il allait employer, mais il était sûr du message qu'il voulait faire passer. Paraphrasant Auguste Renoir, il aurait pu commenter à la fin: «Ce discours m'a pris cinq minutes, mais j'ai mis quatre ans pour y arriver[333].» Ce moment, il l'attend, il s'y prépare, depuis le 17 juin 1940, jour de son arrivée à Londres. Parce qu'il a déjà écrit de nombreuses allocutions inspirantes, parce qu'il a visualisé avec intensité cet instant capital, parce qu'il dispose des outils rhétoriques qui lui permettent de structurer ses pensées rapidement, de Gaulle est en mesure de capter l'émotion collective et d'improviser, à la hauteur de l'événement, un discours qui marquera l'Histoire.

Même les discours les plus spontanés tirent leurs forces d'un entraînement rigoureux. Ce sont des années d'expérience, de lectures, de discours préparés et de réflexions personnelles qui constituent une réserve de connaissances et de phrases parmi lesquelles l'orateur peut puiser en temps réel. Cette préparation invisible est le socle sur lequel repose l'apparente spontanéité.

Connexion

«L'entraînement de toute une vie pour seulement dix secondes.», disait Jesse Owens[334]. Avant sa consécration aux Jeux Olympiques de Berlin en 1936, le quadruple médaillé d'or s'est entraîné avec rigueur et constance durant deux olympiades. Dans l'épreuve reine du cent mètres, il n'y a pas de stratégie. Tout est dans la spontanéité. Il s'agit de lâcher les chevaux, de courir à fond, droit devant. Au coup de pistolet, les jeux sont faits. Depuis les gradins, nous ne voyons que la pointe de l'iceberg, mais c'est sa masse imposante, cachée sous l'eau, qui la maintient à flot si haut.

VI

Innovation & Adaptation

Changement de Programme

Durant la nuit du 14 au 15 novembre 1988, à Alger, l'État palestinien est proclamé. Au matin, dans la ferveur de ce moment historique, Yasser Arafat[335], élu à cette occasion président du nouvel état par le Conseil national palestinien[336], jette sur une feuille la structure du discours qu'il doit prononcer devant l'ONU à New York le 2 décembre : introduction (remerciements, importance de l'occasion), historique de la question palestinienne, situation actuelle, vision pour la paix, appel à la communauté internationale, conclusion (espoir en l'avenir, détermination des Palestiniens).

De retour à Tunis[337], quartier général de l'OLP[338], Yasser Arafat commence à rédiger son texte qu'il veut faire résonner dans le monde entier. Il fouille l'appartement pour trouver de quoi écrire. C'est la première fois qu'il est à cette adresse : constamment sur ses gardes, il ne dort jamais deux nuits de suite au même endroit. Mais le 26 novembre, alors que le leader palestinien est en visite officielle à Amman[339], les États-Unis annoncent leur refus de lui accorder un visa en raison de son implication dans le terrorisme[340]. Yasser Arafat ne peut donc pas se rendre au siège de l'ONU à New York. Pourtant, la déclaration d'Alger avait prononcé le renoncement à toute forme de terrorisme et reconnu implicitement l'État d'Israël.

Finalement, décision est prise le 30 novembre de déplacer la 29ᵉ session de l'Assemblée générale des Nations Unies à Genève le 13 décembre. Yasser Arafat, qui veut aboutir à un accord de paix, décide alors de modifier son discours : confirmer l'abandon du terrorisme, reconnaître sans ambiguïté l'État d'Israël, faire des propositions concrètes pour la paix. Il change également son introduction : « Jamais je n'aurais imaginé que ma première rencontre depuis 1974[341] avec votre auguste assemblée aurait lieu dans cette bonne et hospitalière ville de Genève. Je pensais que les acquis et les nouvelles positions politiques auxquelles est parvenu notre peuple palestinien lors de la tenue du Conseil national à Alger, qui ont toutes reçu un accueil très favorable au niveau international, me permettraient sans nul doute de me rendre à New York, au siège des Nations Unies[342]. »

asser Arafat a dû s'adapter, car le contexte politique a évolué; le lieu et la date de son intervention ont changé et les enjeux ont gagné en intensité.

Comme tout projet, un discours se déroule rarement comme prévu, malgré toute sa préparation. À l'instar d'un navigateur confronté à des vents subits, l'orateur se trouve souvent face à des défis inattendus qu'il doit savoir surmonter. L'imprévu peut prendre différentes formes : un micro en panne, une présentation Power-Point qui se bloque, un éclairage mal ajusté. Mais ce sont parfois les réactions du public qui sont les plus imprévisibles : une réponse glaciale à une plaisanterie, des murmures d'agitation à un point clef, ou encore une question piège lors de la séance de questions-réponses.

Face à ces impondérables, la rigidité est l'ennemie de l'orateur. S'accrocher à son plan initial sans tenir compte de la réalité changeante de la situation peut s'avérer catastrophique. En revanche, l'adaptabilité est une qualité maîtresse. L'orateur doit savoir s'ajuster, parfois à la volée, tout en restant fidèle à l'essence de son message.

Connexion

S'il est un domaine où l'adaptabilité est de mise, c'est le *standup*. Plus que tout autre, l'humoriste de *standup* doit faire preuve de souplesse, armé seulement d'un micro et de son *wit*[343]. Car, une simple interruption, comme un serveur qui laisse tomber son plateau ou un spectateur trop enthousiaste, peut détourner le spectacle. Certains des plus grands moments de *standup* sont d'ailleurs des improvisations nées d'une interaction inattendue avec le public. Réfléchis donc avant d'interrompre un brillant humoriste : sa repartie parfaitement adaptée pourrait te mettre KO !

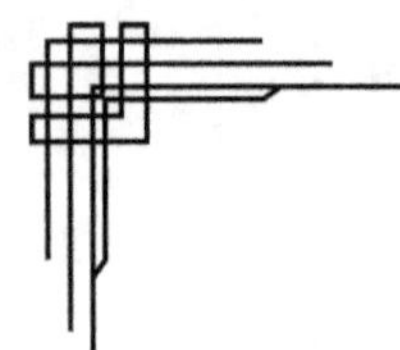

Deuxième Appel

— J'ai entendu l'appel du 18 juin[344] à la radio, hier.

— Ah oui?

— C'est tout c'que ça t'fait? Je suis en train d'te dire que j'ai entendu l'appel du 18 juin du général de Gaulle! Hier! À la radio!

— Oui, et alors? Hier, c'était le 18 juin. Je n'vois pas c'qu'il y a de surprenant. C'est quoi l'problème?

— On est en 2023!

— OK, Zoé, c'est un enregistrement. Le principe d'un enregistrement, c'est qu'on peut l'écouter des années plus tard. Moi aussi, j'l'ai déjà entendu, l'appel du 18 juin. Et c'était pas en 1940! Ils nous l'servent chaque année: «J'invite tous les Français qui veulent rester libres à m'écouter et à me suivre.»

— Mais non, Hector! Ça, c'est l'appel du 22 juin[345], jour de l'Armistice[346]! Tout l'monde confond[347]! Moi, j'te parle de l'appel du 18 juin: «Quoi qu'il arrive, la flamme de la résistance française ne doit pas s'éteindre et ne s'éteindra pas[348].»

— T'es sûre que «J'invite tous les Français qui veulent rester libres…», c'est l'22?

— Évidemment, qu'j'en suis sûre. Mais t'es pas l'seul à faire l'erreur.

— Bon, t'as entendu hier, 18 juin 2023, l'appel du 18 juin 1940 du général de Gaulle, et non pas l'appel du 22 juin. C'est bien ça?

— C'est ce que j'te dis depuis le début, bon sang!

— Mais j'vois toujours pas où tu veux en v'nir.

— C'était sa voix! La voix du général de Gaulle!

— Ben, j'me doute que c'était pas celle de la reine d'Angleterre.

— Très drôle!

— Tout l'monde sait qu'il écrivait lui-même ses discours et qu'il les prononçait en personne à la BBC. Donc en quoi est-ce extraordinaire?

— L'appel du 18 juin n'a *jamais* été enregistré.

— Quoi?

— Enfin si, mais l'enregistrement n'a pas été conservé. C'est pour ça qu'ils nous r'filent toujours ç'ui du 22 sur les ondes, à la place.

— Mais tu viens d'me dire qu'c'était la voix d'de Gaulle.

— C'est *ça* qui est extraordinaire!

Zoé a bien entendu le général de Gaulle prononcer l'appel du 18 juin, enfin presque… Il ne subsiste pourtant aucune trace sonore de ce discours[349]. Dans cet enregistrement publié en janvier 2023, c'est le timbre du chef de guerre, mais ce n'est pas lui qui parle.

Frédéric Amadu[350] (Ircam Amplify[351]) nous dit tout: «Nous avons utilisé un procédé informatique, inventé à l'Ircam[352], qui utilise l'intelligence artificielle appelée Voice Cloning. À partir d'enregistrements de la voix du général de Gaulle (les quelques discours que la BBC a enregistrés pendant la guerre), le système extrait ce qui fait la personnalité de la voix du général, la couleur de sa voix, son timbre[353]. Et cette personnalité est ensuite appliquée sur des phrases prononcées[354] par un acteur, ici, François Morel[355].»

Bientôt, l'IA[356] pourra, à partir de la voix clonée et d'un extrait vidéo d'un orateur, lire un texte à la volée dans toutes les langues, en synchronisation labiale, en reproduisant le timbre, les intonations et les mimiques du modèle, avec l'émotion juste[357]. En tant qu'orateur du XXIe siècle, tu as tout intérêt à maintenir une veille technologique.

Connexion

Le *deepfake* est une technique de manipulation médiatique faisant appel à l'intelligence artificielle. Les *deepfakes* sont utilisés pour produire ou falsifier des contenus audiovisuels, de manière à faire croire que ce qui est montré est réel. Ces manipulations peuvent aller de la simple superposition du visage d'une personne sur le corps d'une autre, à la fabrication de discours qui n'ont jamais été prononcés par la personne imitée. Si un jour, tu songes à faire un discours avec la voix de James Earl Jones[358], assure-toi que ton message ait la force de Dark Vador[359]… et non la fadeur d'un Stormtrooper[360].

L'Antinomie du Menteur

Quelque part dans l'Empire ottoman, sur la place principale de la cité, la foule grouille, avide de sang. Le soleil, au zénith, fait luire la sueur sur les peaux burinées. Le spectacle de la mort attire toujours plus de monde que les jours de marché.

Hasan, un modeste marchand condamné à mort pour une vétille, est traîné par ses gardes aux pieds du sultan qui trône en surplomb de la place. Le vieil homme, enchaîné, le visage émacié, s'agenouille en silence, attendant son sort, tête baissée.

Méprisant, le sultan transperce le pauvre hère du regard en se caressant la barbe. Au bout de cruelles minutes, il lui propose, d'un sourire narquois, de «choisir» sa mort : «Si tu dis la vérité, tu seras décapité. Si tu mens, tu seras empalé… Je t'écoute.»

Hasan fouille de ses yeux le ciel bleu comme pour la dernière fois. Il prend le temps de humer le parfum des épices qui lui parvient du bazar, mêlé à la poussière de sa terre natale. Le léger vent du désert fait trembler ses cheveux grisonnants.

Après une longue inspiration, Hasan plonge ses yeux verts dans ceux du sultan et déclare avec tranquillité : «Je serai empalé, mon Sultan.» La foule retient son souffle, saisie par l'audace de cet homme ordinaire. Même les enfants cessent leurs jeux.

Le sultan se fige, le sourcil froncé. Il comprend qu'il est dans une impasse : lui, l'homme le plus puissant réduit à l'impuissance par un simple marchand ! Tous craignent le pire.

Brisant le silence, l'éclat de rire gras du souverain fait sursauter toute la place. «Tu m'as pris à mon propre piège.», admet-il, beau joueur. La foule respire, laissant libre cours à son admiration pour l'ingéniosité du marchand.

Alors, d'un simple regard, le sultan fait libérer Hasan, qui s'éloigne, les yeux dans le ciel porteur d'un avenir lumineux.

L'antinomie du menteur est un paradoxe logique et rhétorique. Le premier exemple célèbre de l'Histoire est cristallisé dans une déclaration du philosophe Épiménide[361] au VIe siècle avant J.-C. : « Tous les Crétois sont des menteurs. » Le problème réside dans le fait qu'Épiménide est lui-même un Crétois.

S'il dit vrai, alors sa déclaration est fausse, car il est un Crétois qui ne ment pas. S'il ment, sa déclaration est paradoxale. Cette déclaration crée donc une contradiction, d'où le terme « antinomie ». Impuissant à résoudre l'énigme, et honteux de ce fait, le logicien Philatos de Cos se suicide vers 330 av. J.-C. L'anecdote d'Épiménide est mentionnée dans le Nouveau Testament[362], sous la plume de saint Paul[363].

Cette antinomie a inspiré, à travers le temps, de nombreux débats philosophiques et mathématiques sur l'autoréférence, la vérité, le mensonge et le faux. Ce, jusqu'à aujourd'hui encore. Pour maintenir son attention, pousse ton auditoire à réfléchir en lui soumettant des paradoxes que tu résoudras ensuite.

Connexion

Dans la vie quotidienne, nous pouvons rencontrer des situations où l'antinomie du menteur surgit à notre insu. Prenons par exemple les déclarations de modestie excessive. Imagine une situation où un ami te dit : « Je suis la personne la moins honnête que tu rencontreras jamais ». Si tu crois sa déclaration, alors tu considères ton ami comme une personne honnête, ce qui contredit sa déclaration. Si tu ne le crois pas, alors cela signifie que tu penses que ton ami est honnête, ce qui confirme sa déclaration. Un véritable casse-tête, n'est-ce pas ?

L'Orateur Augmenté

Jean-Pierre Gorges[364], maire de Chartres[365], la ville de Jean Moulin[366], monte à la tribune, le bras en écharpe, pour se livrer à cet exercice auquel il se plie depuis 22 ans : la célébration de la victoire de 1945.

« Au moment de vous dire ces quelques mots d'hommage à tous les morts pour la France et aux résistants de la Seconde Guerre mondiale, je vais vous faire une confidence. Pour écrire cet hommage aux femmes et aux hommes qui ont donné leur vie et ont payé le prix du sang, j'ai demandé de l'aide. Avec mon bras malade, il m'était difficile d'écrire. Alors j'ai engagé une discussion avec une entité nouvelle qui ne sait pas ce qu'est ni la chair, ni le sang. Un esprit sans âme, une intelligence artificielle. Oui, j'ai écrit ces quelques mots en invitant ChatGPT[367] à rendre hommage à ce qu'elle ne pourra jamais être, et à courber la tête devant ceux qu'elle ne pourra jamais ni imiter ni égaler. J'ai demandé à ChatGPT de rendre hommage, en ce 8 mai[368], à leur humanité, et à leur sacrifice. »

Le maire commence alors à lire un texte imprimé, fruit des quelques secondes de recherches de l'intelligence artificielle : « Ce jour de la victoire en Europe est l'événement le plus important de l'histoire de l'humanité, marquant la fin de la Seconde Guerre mondiale. Chartres a joué un rôle important dans la guerre et a été le théâtre de la victoire alliée. Tout en rappelant l'importance de Chartres pendant la guerre, nous devons également rendre hommage à la bravoure et au sacrifice des soldats. »

La suite relate le jour J, le rôle de Chartres sous l'occupation, puis la Libération, avant de rappeler l'importance du souvenir.

« Voilà ce que m'a proposé ChatGPT, après quelques échanges. », conclut l'édile. « Cette intelligence artificielle se répète un peu, c'est encore un peu long, peut-être. », concède-t-il. « Mais nous pouvons y lire le respect que je lui ai demandé d'avoir pour nos morts et nos combattants. Encore un travail d'éducation et de transmission porté par la Ville, avec succès, je crois[369]. »

ès le lendemain du 78ᵉ anniversaire de la victoire de 1945, des voix s'élèvent pour dire que les héros méritent mieux qu'un discours automatique et impersonnel. À ceux-là, Jean-Pierre Gorges, selon qui «il vaut mieux passer une journée sur ChatGPT qu'un mois avec un instituteur», rétorque que «même en commémorant le passé, nous ne devons pas oublier de regarder vers l'avenir et d'adopter les nouvelles technologies[370]».

Le 8 mai 2023, le maire de Chartres est le premier homme politique (du moins, officiellement) à prononcer un discours entièrement écrit par une intelligence artificielle (IA). ChatGPT est un modèle de langage conçu pour générer du texte et interagir en conversation de manière fluide et naturelle avec les utilisateurs.

ChatGPT n'est qu'un outil. C'est pourquoi plutôt que de faire écrire tes discours *par* ChatGPT, comme l'a fait M. Gorges, écris-les *avec* ChatGPT. L'IA peut faire gagner du temps pour la structure, pour l'argumentation, pour les illustrations, mais le style doit rester celui de l'orateur qui veut inspirer[371].

Connexion

S'appuyer sur les compétences des autres ne date pas d'aujourd'hui. Les peintres avaient aussi leur IA, leur «intelligence assistante». Le peintre Hyacinthe Rigaud[372], pour ne citer que lui, auteur du *Portrait de Louis XIV en costume de sacre*[373], dirigeait officiellement un atelier d'une trentaine de peintres[374]. Chacun avait sa spécialité : le dessin, les fleurs, les scènes de bataille, les étoffes, les paysages, les animaux, etc. Ces collaborateurs, à quelques exceptions près, n'étaient pas des élèves. C'étaient des peintres accomplis et talentueux capables de se fondre dans le style de Rigaut[375].

Déchiffrer les Cœurs

En ce début du mois de juillet, la kermesse bat son plein dans la petite commune de Blumenheim, nichée au cœur de l'Alsace. Réputée pour son spectacle de fleurs d'une créativité époustouflante, la fête attire chaque année un large public venu de toutes les villes environnantes. Soudain, la musique s'arrête. Montée sur le podium érigé sur la place principale, madame le maire réclame le silence, puis invite Clément Burger, le directeur du collège Albert Schweitzer à venir la rejoindre.

En chemise blanche et pantalon noir, les doigts crispés sur le bord de ses feuilles, le directeur commence : « Selon les chiffres récents de l'UNESCO… » Les statistiques tombent une à une de sa bouche, ennuyeuse comme la pluie. Clément Burger, impersonnel, parle de pauvreté mondiale, d'accès à la connaissance, d'ascenseur social. Finalement, après d'interminables minutes, il conclut, la chemise trempée : « Mes amis, il nous faut votre aide. »

Le public tarde à applaudir, encore étourdi par les chiffres. Amélie Weckmann, la professeure d'histoire, comprend alors que l'objectif de récolte de dons ne sera pas atteint. Personne n'ouvrira son portefeuille. Et au fin fond de la brousse, le village de Bafololo, officieusement jumelé avec Blumenheim, n'aura pas son école.

Sans y être invitée, Amélie Weckmann, monte sur la scène et prend le micro avec assurance : « Opportune est la fille du chef du village. Elle a huit ans. Lors de mon dernier séjour en Afrique, je lui ai appris à lire et à écrire. Elle est très douée, vous savez. Plus tard, elle veut devenir médecin pour soigner les gens de son village et des alentours. Mais son rêve de petite fille ne pourra se réaliser que si elle va à l'école… ». Amélie parle avec douceur, déchiffrant les cœurs. « La plus proche est à trois heures de marche… »

Le public écoute, captivé, le cœur battant d'émotion dans un silence de lumière ; certains essuient une larme. Lorsqu'Amélie s'arrête, tous se pressent à la table des dons, heureux de pouvoir contribuer aux rêves de la petite Opportune et de ses camarades.

Au cœur de l'interaction humaine réside la narration. Les histoires, comparées aux statistiques, sont intrinsèquement émotionnelles, créant une résonance empathique qui suscite l'engagement.

Les statistiques, bien que cruciales pour une analyse objective et rigoureuse, ne transmettent pas la même intimité personnelle que les histoires. Lorsqu'il s'agit de susciter des actions concrètes telles que des dons, les histoires s'avèrent deux fois plus efficaces que les statistiques. Elles permettent de montrer directement l'impact de l'action demandée. Dans le cas du don, elles nous rapprochent des personnes bénéficiaires, rendant tangible la réalité qui se cache derrière les chiffres. Cette approche rend ainsi l'aide sollicitée concrète et palpable, augmentant alors la probabilité d'un acte altruiste en retour.

Plutôt que d'asséner des chiffres sans âme, efforce-toi dans tes discours, chaque fois que cela est possible, de raconter une histoire dramatique. Tu obtiendras de ton public un bien meilleur engagement et une plus grande facilité à passer à l'action.

Connexion

Le principe de cette dynamique s'étend bien au-delà des campagnes de dons et peut être relié à la théorie du « biais de négativité ». Cette théorie stipule que nous avons une tendance innée à prêter plus d'attention aux informations négatives qu'aux informations positives. C'est une manière efficace de capter notre attention. Lorsque tu tombes sur un article titré « 10 catastrophes à éviter lors de votre prochaine réunion », même si tu sais que ta dernière réunion s'est bien passée, tu ne peux t'empêcher de cliquer pour en savoir plus.

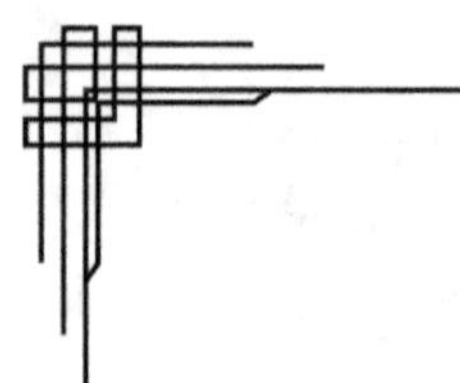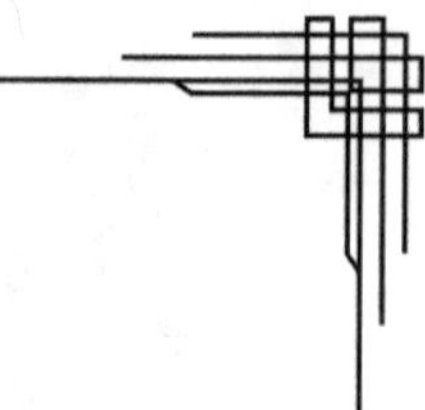

Clics et Claps

«Mesdames, Mesdemoiselles, Messieurs, veuillez regagner vos places, s'il vous plaît. La présentation va commencer.» La voix aux graves profonds résonne dans les haut-parleurs. Hâtant le pas, les gens finissent de s'installer dans un léger brouhaha; tous les sièges sont occupés. Dans la grande salle de conférence de la HIT à Lisbonne, le calme se fait peu à peu. La High Immersive Tech est la plus grande convention internationale sur les technologies immersives. Les sociétés les plus en pointe en la matière y présentent chaque année leurs dernières innovations. Le public est constitué de managers: marketing, ressources humaines, informatique, etc.

Un silence de cathédrale s'installe. Tandis que la lumière se tamise, une poursuite s'allume côté jardin. Alors apparaît Sara Illiouvitch, CEO de Interactivity for Better Commitments, une *startup* spécialisée dans l'interactivité pour les présentations. C'est sa deuxième convention HIT. En tailleur lavande, tablette numérique à la main, Sara se dirige, suivie du halo de lumière, vers le centre de la scène.

Tandis que parle la jeune femme, les images 3D qu'elles pilotent s'affichent sur l'écran transparent derrière lequel elle est placée; des hologrammes, tour à tour, apparaissent en guise de prosopopée[376]. À chacune de ses questions, les auditeurs, extrêmement attentifs, sur place ou en ligne, peuvent répondre grâce à une application téléchargée sur leur téléphone. Les résultats, affichés en direct sous forme d'animations, sont aussitôt commentés.

Après deux heures très vite passées, la conférence s'achève par un quiz-concours à la participation unanime. Le nom du vainqueur s'affiche sous les applaudissements. Il vient de gagner une consultation en stratégie de présentation interactive. Le public exulte. Il vient d'entrer dans l'ère de la présentation post-PowerPoint.

Au sortir de la scène. Sara, consulte, sur son smartphone, un tableau de bord: les commandes affluent. Un grand sourire éclaire son visage.

Toute forme de communication qui requiert une participation active de l'audience est désignée sous le terme de « contenu interactif ». Contrairement au contenu passif, où l'information est unidirectionnelle, le contenu interactif implique un dialogue, une sorte de danse envoûtante entre l'émetteur et le récepteur.

L'interactivité peut prendre plusieurs formes : questionnaires, sondages, vidéos, jeux, infographies cliquables, et bien plus encore.

Sa grande force réside dans sa capacité à impliquer l'audience, à stimuler son engagement et à créer un lien émotionnel. Le contenu interactif ne fait pas que transmettre des informations, il transforme l'audience en participant actif.

Grâce à l'interactivité, l'orateur plonge l'auditeur au cœur d'une histoire qu'il ne se contente pas d'écouter, mais qu'il vit et qu'il dirige. Ainsi l'attention du public reste au plus haut niveau. Ce qui ne peut que favoriser la mémorisation et l'engagement.

Connexion

Les perroquets, ces créatures emplumées, sont connus pour leur capacité à imiter les sons, y compris le langage humain. Bien que leur « interaction » avec nous puisse sembler unidimensionnelle, elle reflète étonnamment notre propre désir d'engagement. Tout comme le contenu interactif, les perroquets captent notre attention, stimulent notre intérêt et, avant que nous ne nous en rendions compte, nous sommes engagés dans une conversation… avec un oiseau[377] ! Si un oiseau bavard peut le faire, alors avec une présentation interactive, tu devrais faire des miracles.

VII

Implication & Engagement

Oser l'Authenticité

Lorsque la maîtresse de cérémonie lui demande : «Quel est, aujourd'hui, ton message aux leaders mondiaux ?», Greta se penche en avant, ajuste le micro et répond sans ambages :

— Mon message est que nous vous avons à l'œil.[378]

Greta Thunberg est alors une adolescente de 16 ans qui s'est fait remarquer l'année précédente, à la Conférence de Katowice sur le climat, en ciblant la responsabilité des adultes.

«Vous avez volé mes rêves et mon enfance avec vos paroles creuses.» La jeune fille à la tresse s'exprime avec une authenticité qui impressionne. Peu importe que ce soit à la tribune des Nations Unies. Peu importe que ce soit face aux dirigeants mondiaux. Peu importe que le monde entier la juge. Greta dit ce qu'elle pense.

«Depuis plus de 30 ans, les données scientifiques sont claires comme de l'eau de roche. Comment osez-vous continuer à détourner le regard et à venir ici en disant que vous en faites assez, alors que les politiques et les solutions nécessaires ne sont toujours pas en vue ?»

D'où lui vient cette force ? L'adolescente a été diagnostiquée à 11 ans comme atteinte du syndrome d'Asperger.

«Des gens souffrent. Des gens meurent. Des écosystèmes entiers s'effondrent.»

Pour certains, ce handicap pourrait être considéré comme une faiblesse. Pour Greta, c'est un superpouvoir qui lui confère une rare authenticité.

«Vous nous décevez. Mais les jeunes commencent à comprendre votre trahison. Les yeux de toutes les générations futures sont braqués sur vous. Et si vous choisissez de nous décevoir, je vous le dis : nous ne vous pardonnerons jamais.»

ow dare you? («Comment osez-vous?»). Nous sommes le 23 septembre 2019 au Sommet sur l'action climatique organisé par l'ONU.

Cette phrase, lancée *ex abrupto*, par Greta Thunberg[379] est restée dans les mémoires.

Le jeune âge de Greta, sa détermination, sa voix ferme, sa sincérité ont laissé une forte impression sur le public dans le monde entier. Son message, prononcé avec conviction, a été perçu comme authentique, touchant ainsi les cordes sensibles de l'auditoire[380].

L'authenticité que dégage un orateur peut influencer la manière dont son message est reçu.

Plutôt que de chercher à plaire à tout le monde, veille à rester authentique.

Tu ne plairas peut-être qu'à un petit nombre d'auditeurs, mais l'adhésion de ces auditeurs sera si fervente qu'ils seront plus enclins à passer à l'action.

Connexion

L'authenticité est souvent la marque des artistes qui laissent une empreinte indélébile sur leur art et leur époque. Exprimant son authenticité à travers ses autoportraits, Frida Kahlo[381] peint sa douleur, sa passion et son amour de la culture mexicaine. Martha Graham[382] révolutionne la danse moderne en incorporant des mouvements authentiques qui expriment les émotions humaines profondes. Toute sa vie, Camille Claudel[383] reste fidèle à sa vision artistique unique dont l'authenticité se traduit dans ses sculptures qui reflètent ses expériences intimes les plus enfouies.

36

Une Parole qui Dérange

En ce dimanche après-midi du 21 février 1965, plus de 400 personnes se pressent dans la salle de bal de l'Audubon[384] à New York. Tous attendent avec ferveur le discours de Malcolm X[385]. Certains se demandaient s'il maintiendrait ce rendez-vous, après le cocktail Molotov qui a fait brûler sa maison du Queens, alors qu'il y dormait avec sa famille[386]. Mais Malcolm X ne craint personne[387]. Sa femme[388] et ses quatre filles[389] sont au premier rang, indemnes.

Le leader afro-américain s'est attiré la haine de Nation of Islam[390] depuis qu'il a quitté l'organisation suprémaciste noire le 8 mars 1964, après 12 ans d'activisme en son sein. Il sait que sa parole dérange les Black Muslims[391], parce qu'il a plus d'influence que leur chef Elijah Muhammad[392]. Sa parole les dérange parce qu'il a condamné leur racisme anti-blanc, parce qu'il prône désormais l'unité des divers mouvements des droits civiques, parce qu'il s'est rapproché de Martin Luther King[393]. Il a bien conscience qu'il représente maintenant un danger pour tous ces nationalistes afro-américains qui veulent régler le problème de la ségrégation dans le sang. Mais personne ne l'empêchera de faire entendre sa voix.

À l'heure pile, Malcolm X se dirige vers le pupitre sous les applaudissements. Il se penche vers le micro: « *Assalamu alaykum*[394]. » La salle lui répond à l'unisson: « *Wa alaykum assalam*[395]. » Soudain, une dispute éclate, un spectateur en accusant un autre de lui faire les poches. « Mes frères, s'il vous plaît… », tente Malcolm X. Au milieu des éclats de voix, une grenade fumigène est lâchée. Les gens, paniqués, se dirigent vers la sortie. Alors, un homme émerge de la fumée, s'approche de Malcolm X, fusil à canon scié pointé vers lui, et lui tire une balle en pleine poitrine. Les petites filles voient leur père s'écrouler. Leur mère crie d'effroi. Aussitôt, quatre autres tueurs, armés de pistolets, se précipitent vers le corps et vident sur lui leurs chargeurs. Puis, ils s'enfuient, traînant derrière eux l'odeur de la poudre[396]. Malcolm X décède à l'hôpital à 3 h 30[397]. Martin Luther King, quelques jours plus tard, qualifiera cet assassinat de « grande tragédie », à un moment où « Malcolm X se dirigeait vers une meilleure compréhension du mouvement non violent. »

ous vivons à une époque où certaines opinions dominent, et il est naturel de craindre les répercussions, lorsqu'on ose s'éloigner de la doxa. Mais c'est justement dans ces moments-là que notre voix compte le plus. La parole qui dérange, qui suscite de fortes oppositions, est souvent celle qui a le plus besoin d'être entendue, précisément parce qu'elle a le pouvoir de changer les choses.

Rappelle-toi que chaque grande idée, chaque mouvement d'émancipation a commencé par une parole qui dérangeait. Se cacher derrière le silence n'a jamais fait progresser une cause. Le changement survient lorsque des individus audacieux osent défier le *statu quo*.

Laisse-toi inspirer par le courage de Malcolm X[398]. Ne crains pas d'avoir une parole qui dérange, car elle pourrait bien être celle qui éclaire la voie vers un monde meilleur. Chaque voix compte. Fais en sorte que la tienne soit entendue, car c'est en affirmant tes convictions que tu contribueras à façonner l'avenir. Ose parler ! Ose changer le monde !

Connexion

Même en science, des hommes se sont retrouvés, parfois au péril de leur vie, isolés face à des «vérités» scientifiques communément admises. Alors que le géocentrisme[399] est une évidence pour tout le monde depuis les temps les plus reculés, quelques êtres éclairés, à partir du XVIe siècle, prennent le risque de défendre l'héliocentrisme[400]. Nicolas Copernic[401], discret, meurt paisiblement dans son lit. Mais Giordano Bruno[402], pugnace, est brûlé vif pour hérésie. Et Galilée[403], après rétractation, est assigné à résidence[404]. «Ce n'est pas parce qu'ils sont nombreux à avoir tort qu'ils ont raison.», Coluche[405].

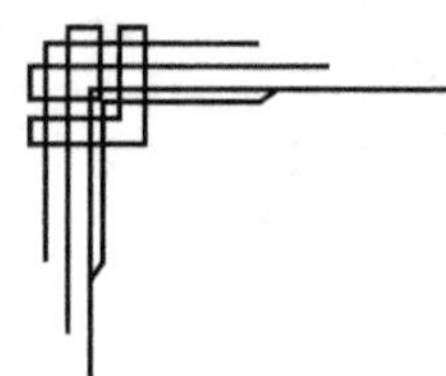

37

Aller au Charbon

Un peu impressionné, Pierre-Fleurus Touéry[406] installe son matériel sur le large bureau qui fait face aux bancs de l'Académie royale de médecine[407]. Malgré quelques oppositions, les académiciens ont bien voulu le recevoir, à la suite de sa lettre mystérieuse du 2 août 1931. Chez le public clairsemé de la rue de Poitiers[408], la condescendance est palpable pour cet homme du terroir venu de son petit village de Solomiac[409], dans le Gers. Il n'est qu'un simple pharmacien de province. Il a pourtant acquis quelque savoir en chimie, grâce aux expériences qu'il mène dans son modeste laboratoire. Mais il n'appartient pas au sérail de « ceux qui sauvent des vies ».

« Chers membres de l'Académie, je vous remercie humblement de m'accueillir en votre lieu. Je suis venu vous présenter l'antidote universel. », commence Pierre-Fleurus Touéry, solennel. Certains parmi les médecins manifestent déjà des gestes d'impatience ; d'autres se contentent d'afficher un sourire narquois. « Voici une décoction très toxique de noix vomique[410]. », enchaîne le pharmacien, ouvrant un petit bocal. Il en donne alors une légère portion au rat qu'il a apporté avec lui dans une cage. Le rongeur, pris de convulsions, meurt en quelques secondes, foudroyé. « Je vais maintenant boire à mon tour ce breuvage qui contient environ un gramme de strychnine[411], soit dix fois la dose mortelle. », annonce-t-il. Et devant les yeux médusés des académiciens, sans qu'ils puissent intervenir, il vide d'un trait le contenu du bocal.

« Non, je ne suis pas venu me suicider devant vous parce que vous avez tardé à me recevoir. », ironise-t-il. « Si je me tiens actuellement en pleine forme, c'est parce que j'ai ingéré au préalable une dose de poudre de charbon activé. J'ai obtenu cette poudre en carbonisant de la coque de noix de coco, puis en l'activant à la vapeur d'eau. Ce procédé multiplie les pores du charbon ; ce qui lui confère une surface d'absorption de 1 000 m^2 par gramme[412]. C'est pourquoi je soutiens qu'il s'agit là de l'antidote universel[413]. » Encore sous le choc, les médecins applaudissent presque malgré eux. « Je vous remercie de votre attention. Et je suis impatient d'approfondir avec vous les recherches sur le charbon activé[414]. »

Connexion

Bien avant Tom Cruise[415], Jean-Paul Belmondo[416] réalise ses cascades sans doublure et sans protection. Dans *L'homme de Rio*[417], il passe d'un échafaudage à un autre sur un câble tendu à 40 m du sol. Dans *Le casse*[418], il dévale en voiture un escalier de 300 marches. Dans *Peur sur la ville*[419], il court sur le toit d'un métro en marche. Dans *L'animal*[420], à 300 m d'altitude, il passe, en plein vol, d'un hélicoptère à un avion. Dans *Le guignolo*[421], il survole Venise, suspendu à un hélicoptère. Une implication qui a fait de Bébel[422], sans conteste, l'une des plus populaires vedettes internationales du cinéma.

38

Changement de Focale

C'est la double peine pour l'adolescente de 16 ans. D'abord, Marie-Claire[423] est violée. Puis elle est traînée devant un tribunal à huis clos[424] pour répondre du fait de n'avoir pas voulu garder dans sa chair le fruit du «délit»[425]. On ajoute à l'horreur l'injustice. L'avocate féministe Gisèle Halimi accepte de la défendre. Finalement, Marie-Claire est relaxée[426]. Mais ce n'est qu'une étape[427].

Un mois plus tard, dans la même affaire, c'est au tour de celles qui ont aidé l'adolescente de comparaître[428]. L'audience débute le 8 novembre 1972 à 13 heures. Gisèle Halimi a choisi de faire de ce procès un procès politique en impliquant le pays tout entier[429]. Sa stratégie consiste à «s'adresser, par-dessus la tête des magistrats, à l'opinion publique tout entière, au pays. Pour cela, organiser une démonstration de synthèse, dépasser les faits eux-mêmes, faire le procès d'une loi, d'un système, d'une politique. Transformer les débats en tribune publique[430].» Toute la journée, l'avocate fait citer des témoins fidèles à sa cause, comme Simone de Beauvoir[431], présidente de l'association *Choisir*[432] et le professeur Jacques Monod[433], prix Nobel de médecine[434]. Tous soulignent les conditions sanitaires déplorables dans lesquelles les Françaises les moins fortunées pratiquent l'avortement, tandis que les plus favorisées se rendent en Grande-Bretagne ou en Suisse[435]. Dehors, la foule scande: «L'Angleterre pour les riches, la prison pour les pauvres!»

Après avoir évoqué, dans sa plaidoirie, les carences de l'éducation sexuelle[436], pointé le manque d'information sur la contraception[437], et dénoncé le système oppressif que subissent les femmes[438], Gisèle Halimi frappe un dernier coup pour le droit à l'avortement: «A-t-on encore, aujourd'hui, le droit, en France, dans un pays que l'on dit "civilisé", de condamner des femmes pour avoir disposé d'elles-mêmes ou pour avoir aidé l'une d'entre elles à disposer d'elle-même? Ce jugement, Messieurs, vous le savez, sera irréversible, et à votre suite, le législateur s'en préoccupera. Nous vous le disons, il faut le prononcer, parce que nous, les femmes, nous, la moitié de l'humanité, nous sommes mises en marche. Je crois que nous n'accepterons plus que se perpétue cette oppression[439].»

Gisèle Halimi frise la défense de rupture[440], lorsqu'elle pointe le biais flagrant du procès: «Quatre femmes comparaissent devant quatre hommes[441].» Mais elle ne tombe jamais dans le piège. Son objectif n'est pas de contester la légitimité du tribunal, mais de changer profondément la société française.

La stratégie de l'avocate combine donc le stratagème 19 de Schopenhauer[442] («généraliser plutôt que de débattre de détails[443]») et le 28 («convaincre le public et non son adversaire[444]»). Elle y ajoute un retournement: interdire l'avortement, c'est obliger à donner la vie. Mais Halimi fait bien plus que généraliser, elle «enrôle les valeurs[445]». Partant de la question concrète de la culpabilité des accusées, elle en souligne les enjeux et en montre les implications sociales. Au lieu de rester au ras du prétoire, elle se hisse au niveau éthique, invitant le politique à trancher sous la pression de l'opinion publique[446].

Dans un débat, le changement de focale permet de prendre le dessus en offrant au public une vision plus large: ici, le droit des femmes à disposer d'elles-mêmes.

Connexion

L'aïkido[447] est la «voie de la concordance des énergies». Cet art martial, créé par Morihei Ueshiba[448] dans la première moitié du XXe siècle, repose sur la non-résistance; au lieu de contrer la force par la force, les pratiquants redirigent l'énergie de leur adversaire pour neutraliser l'attaque. La stratégie plutôt que la force. Il s'agit de se connecter à l'énergie de l'adversaire, puis de l'accompagner, de profiter de son élan pour réduire son assaut à néant. Fluidité, souplesse, adaptabilité permettent de réagir opportunément aux mouvements de l'opposition.

39

De la Main à la Main

Dans son cabinet berlinois, Felix Kersten[449] attend son prochain patient. Voilà une demi-heure que le précédent l'a quitté. Il fait toujours en sorte que personne ne croise celui qu'il s'apprête à recevoir. Dix heures sonnent. Des bruits de bottes se font entendre dans l'escalier. L'homme est ponctuel. Avant même qu'il ne frappe à la porte, Felix Kersten a ouvert la porte. Après quelques échanges d'amabilités, Kersten fait entrer le haut gradé dans la salle de consultation. Il peut voir à sa démarche combien il souffre. L'homme enlève ses bottes, son uniforme, puis s'allonge avec difficulté sur la table de massage. Une fois en slip, il est comme tous les hommes: vulnérable. «Je n'ai pas pu venir ces derniers temps, se croit-il obligé de dire. J'ai repris la morphine, mais ça ne sert à rien. Il n'y a que vos massages qui me soulagent.»

«Félicitations pour votre nomination de ministre, s'enthousiasme Kersten en étalant l'huile. Vous consolidez encore votre légende de héros.» Le masseur sait à quel point son patient est sensible à la flatterie. Cela fait quatre ans qu'il le masse. Ses mains glissent sur le dos, repérant les zones de tension. Ce savoir-faire, il le tient du Dr Kô qui l'a formé à la médecine manuelle chinoise pendant trois ans.

— J'ai appris qu'un convoi de 2 700 personnes est constitué, s'inquiète le masseur.
— C'est exact. Il part après-demain pour Auschwitz, mon centre préféré. L'*Obersturmbannführer*[450] y fait un travail remarquable.
— Faire montre de mansuétude de temps à autre ne pourrait que conforter votre pouvoir, agrandir votre aura. Vous signaleriez ainsi que vous avez droit de vie et de mort, beaucoup plus qu'en donnant la mort systématiquement. Libérez ces gens et vous serez bien plus respecté encore.
— Vous savez, ce n'est pas si simple…
Kersten, dont les mains n'ont pas cessé de travailler, appuie sur un point précis au niveau des lombaires. L'homme se cabre: «Ouh!» Puis grimace: «Mais je vais donner l'ordre de les confier à la Suède.» Kersten sourit: «Bravo, Herr Himmler! Excellente décision!» Il est devenu le masseur du Diable.

Pour susciter l'intérêt d'un auditoire et obtenir son engagement, il est indispensable de faire une promesse forte. Dans cet épisode, Felix Kersten fait une double promesse : l'une sur un plan psychologique, l'autre d'ordre physiologique. D'une part, le thérapeute fait miroiter à Himmler[451] plus de pouvoir et de respectabilité. D'autre part, il lui garantit le soulagement de ses insupportables douleurs, insensibles aux autres traitements[452]. Vivement intéressé, le chef de la SS[453] et de la Gestapo[454] n'a alors aucun mal à céder à la demande de Kersten en prenant la décision humanitaire attendue[455].

L'art de la persuasion ne se limite pas à l'éloquence verbale ; il englobe aussi l'art de comprendre profondément l'autre et de savoir ce qui le motive. Il est essentiel d'identifier ce qui résonne le plus avec l'auditoire et de construire son argument autour de cette prémisse. La capacité de faire une promesse forte et pertinente peut être le facteur décisif pour obtenir l'adhésion du public. Si tu peux fournir quelque chose d'une valeur inestimable à quelqu'un, cette personne sera plus encline à considérer ce que tu as à dire, puis à s'engager sans réserve.

Connexion

La promesse, le marketing ne repose que sur ça : « Perdez 10 kilos en un mois. », « Retrouvez une peau de bébé en une semaine. », « Le goût unique que vous n'oublierez jamais. » Un bon marketeur sait identifier les désirs du client. Dans le marketing, une promesse forte est une « proposition unique de vente » (« *Unique Selling Proposition*[456] »). Elle différencie un produit ou un service de la concurrence et donne aux clients une raison impérieuse d'acheter. C'est ce qui fait qu'il consommera cette pizza plutôt qu'une autre, ce rasoir précisément, ce massage en particulier.

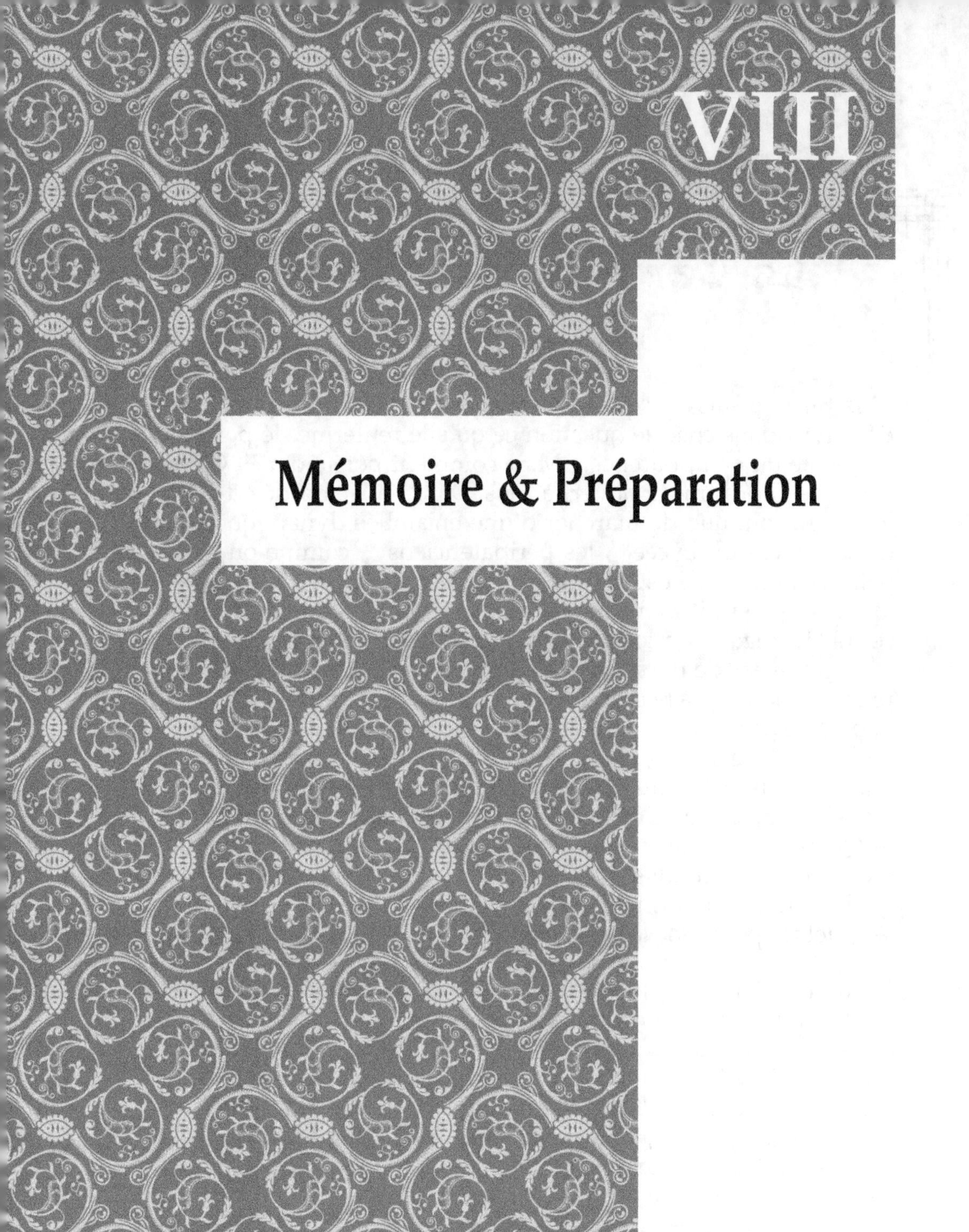

VIII

Mémoire & Préparation

40

Le Cerveau en Marche

«Maître, tu disais hier que la rhétorique est "l'art qui a pour but de découvrir dans chaque question ce qu'elle renferme de persuasif, en réalité ou en apparence." Mais comment persuader?» C'est le cours de l'après-midi, ouvert à tous. Dans l'allée bordée d'arbres, le maître continue de marcher d'une enjambée dynamique, suivi de ses élèves du Lycée[457], les péripatéticiens[458], comme on les appelle. À 60 ans, il a l'esprit plus vif encore qu'autrefois. Combien de kilomètres peut-il bien marcher chaque jour, tandis qu'il donne cours? Le regard sur le bout de l'allée, Aristote[459] répond:

— Les moyens de persuasion appartiennent à trois catégories. Les premiers tiennent à la moralité de celui qui parle, c'est l'ethos[460]; les deuxièmes consistent dans les dispositions de l'auditeur, c'est le pathos[461]; les derniers, enfin, se trouvent dans la parole même, que d'ailleurs elle démontre ou semble seulement démontrer, c'est le logos[462]. Ethos, pathos et logos sont les trois piliers de la rhétorique.

— Quand tu dis que la parole «démontre ou semble seulement démontrer», qu'entends-tu par là?

— Il s'agit de la notion de vraisemblable.

— Quel rapport avec la persuasion?

Pendant ce temps-là, les élèves, emmenés par l'ancien précepteur d'Alexandre le Grand[463], n'ont cessé de marcher. Aristote est convaincu que la marche favorise la réflexion, l'émergence des idées et même la mémoire. C'est pourquoi, quand le temps le permet, pas un cours du Lycée ne se donne en dehors du *peripatos*[464].

— Je l'ai dit au début: la persuasion tient compte de la réalité comme de l'apparence.

— Mais l'apparence n'est pas toujours la réalité.

— Exactement. C'est le «pas toujours» qui fait toute la différence. Le vraisemblable n'est qu'une proposition probable; et l'on entend par probable ce qui, dans la plupart des cas, arrive ou n'arrive pas, est ou n'est pas.

— La persuasion ne doit-elle pas toujours coller à la réalité?

— «Pas toujours», conclut le philosophe en souriant, il se peut fort bien que des choses très réelles soient d'une telle invraisemblance qu'il vaille mieux les écarter de son argumentation.

Aujourd'hui, la science donne raison à Aristote en affirmant que la marche quotidienne stimule les neurones.

Une étude de 2014 conclut : « La marche ouvre la voie à la libre circulation des idées et constitue une solution simple à l'accroissement de la créativité[465]. » En marchant, nous voyons les choses sous un angle différent. Dans une autre étude menée chez des personnes âgées se promenant tous les jours, les chercheurs ont observé une augmentation de leur hippocampe, une zone centrale de la mémoire censée diminuer avec l'âge. Dans le même temps, ils ont noté chez les sujets une amélioration de la fonction de mémorisation[466].

Créativité et mémoire sont deux facultés indispensables à l'orateur. La première intervient principalement dans les trois premières phases de l'art oratoire : l'invention[467], la disposition[468] et la rédaction[469]. La deuxième est au premier plan dans les deux phases suivantes : la mémorisation[470] et l'action[471]. C'est pourquoi marche dans les pas d'Aristote avant et pendant que tu prépares tes discours.

Connexion

Le statut de sport des échecs a de quoi intriguer[472]. Une partie, c'est deux types assis face à face pendant quatre à six heures dont le seul effort consiste à déplacer des pièces sur quelques cases. On note pourtant que des joueurs peuvent perdre 4 à 8 kg en seulement trois semaines de tournoi. Pour réussir, il faut donc un cerveau très bien oxygéné. Et le meilleur moyen est de faire du sport, ce qui favorise concentration, créativité et mémoire. Garry Kasparov[473] allait à la salle de sport tous les jours. Aujourd'hui, les meilleurs joueurs d'échecs ont tous un coach sportif.

La Nagéologie

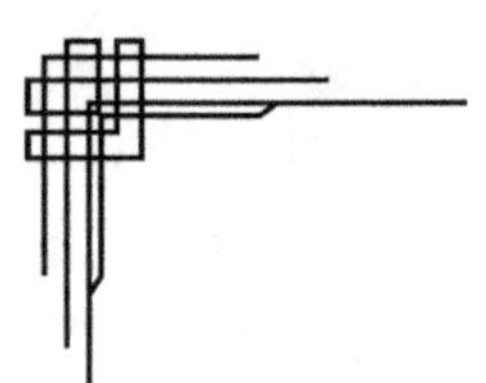
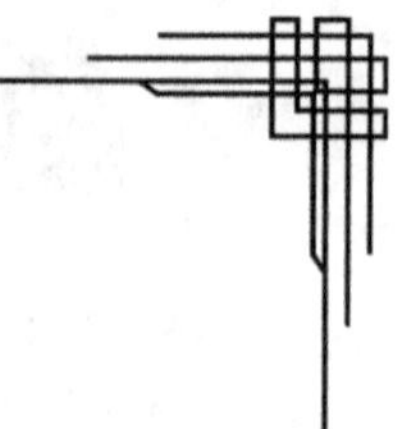

Fumant sa pipe, un vieux marin est accoudé au bastingage, les yeux perdus dans les montagnes qui s'éloignent. L'un des passagers du navire, un jeune professeur, vient se poster à moins d'un mètre, contemplant lui aussi le paysage.

— Connaissez-vous la géologie? demande le jeune professeur, alors que les montagnes disparaissent à l'horizon.

— Non, Monsieur. Vous savez, je ne suis pas allé à l'école. En fait, je ne sais ni lire ni écrire.

— C'est la science de la terre, brave homme. De quelle planète êtes-vous? Si vous faites fi de la géologie, vous avez perdu le quart de votre vie, cher ami!

Le marin prend congé, très contrarié. «J'ai donc perdu le quart de ma vie.», rumine-t-il. Le lendemain, le professeur le retrouve au même endroit, scrutant la mer.

— Avez-vous étudié l'océanographie? interroge le jeune homme.

— Je vous l'ai dit, Monsieur: je n'ai pas fait d'études…

— Mais c'est la science de la mer! Comment pouvez-vous l'ignorer, malheureux? Vous avez perdu la moitié de votre vie!

Le marin s'éclipse pour aller retrouver son poste, la tête basse: «Voilà que j'ai perdu la moitié de ma vie.» Le jour d'après, le professeur se pose à nouveau à côté du marin qui regarde passer les nuages.

— Avez-vous étudié la météorologie, vieil homme?

— Je ne sais pas ce que c'est. Je ne suis jamais allé à l'école, Monsieur.

— C'est la science du climat… de la pluie et du vent. Décidément, vous avez perdu les trois quarts de votre vie!

Le vieux marin repart, profondément attristé: «Qu'ai-je donc fait de ma vie?» Le lendemain matin, il se précipite dans la cabine du professeur: «Professeur, avez-vous étudié la nagéologie?»

— La nagéologie? Qu'est-ce donc?

— Savez-vous nager?

— Non… Croyez-vous vraiment que je n'ai que ça à faire?

— Le bateau coule, Monsieur! Alors si vous ne savez pas nager, vous avez perdu la vie entière!

e plonger dans les ouvrages d'Aristote[474], de Cicéron[475] ou de Quintilien[476], ou encore dans ceux d'auteurs contemporains ne peut faire que le plus grand bien à ta rhétorique. Mais il serait déraisonnable d'en rester là. Lire ne peut suffire. De même qu'on ne peut apprendre à nager dans les livres, on ne saurait parler seulement grâce à eux.

La prise de parole n'a de sens que dans la pratique. Mais comment faire ? Il existe cinq formules. Le coaching est une approche individuelle personnalisée. Tu peux choisir le rythme et l'angle des séances. Le stage collectif est une proposition condensée sur deux à sept jours, s'intéressant à une problématique spécifique de l'art oratoire : l'écriture, la voix, la théâtralité, etc. L'école applique un cursus complet d'une à trois années, en soirée ou en week-end. La formation en ligne se déroule à ton rythme en parfaite autonomie. Le club de parole, comme Toastmasters[477], avec une réunion hebdomadaire, s'inscrit dans le très long terme. Toutes ces approches t'offrent non seulement des espaces de pratique, mais aussi une écoute correctrice, véritable clef de progression.

Connexion

Malcolm Gladwell[478] soutient que pour maîtriser parfaitement une compétence, il faut y consacrer environ 10 000 heures de « pratique délibérée[479] ». Gladwell a examiné les parcours de personnes exceptionnelles pour montrer que leur génie ne résultait pas uniquement de leur talent inné, mais aussi d'un énorme investissement en temps[480]. Plus qu'un simple travail de répétitions, la pratique délibérée est animée en son cœur de l'intention d'améliorer la performance. Il n'est pas de raccourci vers l'excellence ; la maîtrise nécessite un dévouement absolu.

Les Lignes de Force

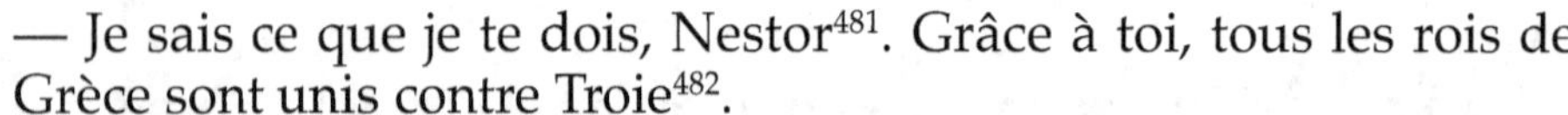

— Je sais ce que je te dois, Nestor[481]. Grâce à toi, tous les rois de Grèce sont unis contre Troie[482].

— Pas grâce à moi, Ménélas[483]. C'est le serment de Tyndare[484].

— Tu as fait en sorte qu'ils le respectent. Nestor, j'ai encore besoin de ton aide. Nous avons débarqué sur les plages de Troie il y a maintenant presque dix ans avec mille navires et plus de 50 000 hommes à leur bord. Et nous n'avons toujours pas brisé les remparts de la cité du vieux Priam[485]. Maintenant qu'Achille[486] et ses Myrmidons[487] se sont retirés[488], je crains que nos chances de gagner cette guerre[489] s'éloignent définitivement[490].

— Aussi, pourquoi Agamemnon[491] s'est-il adjugé Briséis[492] ? Elle était la part du butin de Lyrnessos[493] réservé à Achille[494].

— Mon frère est le roi des rois ; Achille n'est qu'un fils de roi. J'ai déjà envoyé Ulysse[495] auprès de lui pour le faire changer d'avis. En attendant, je veux récupérer Hélène[496] et la tuer de mes mains pour sa trahison, ainsi que son amant Pâris[497]. Sois le stratège de notre armée, Nestor.

Le lendemain, Nestor retrouve Agamemnon pour préparer la prise de Pédase[498] qui étendra la domination des Achéens[499] autour de Troie.

— Je vois, Agamemnon, que tu as fait disposer en premières lignes les plus jeunes soldats, les moins expérimentés, remarque Nestor.

— Pour préserver notre élite.

— Ce n'est pas la bonne manière.

— C'est pourtant ce que nous avons toujours fait.

— Eh bien, vous avez toujours fait ce qu'il ne faut jamais faire. Jusqu'à présent, tu n'as affronté que de faibles armées. Tu vois bien qu'il en est ici autrement.

— Que suggères-tu, Nestor ?

— Place une partie de l'élite en premier sur deux ou trois lignes pour créer des failles chez l'ennemi. Les novices, placés au centre, achèveront ensuite facilement le travail. Garde l'autre partie de l'élite à l'arrière, afin de parer toute tentative de contournement. Crois-moi, c'est ainsi qu'il faut procéder. Et ce soir, nous boirons le vin des pédasiens, allongés sur leurs femmes. Ou nous n'aurons pas assez d'oboles à mettre dans la bouche de nos soldats[500].

Connexion

L'ordre nestorien a trouvé sa place dans un endroit plutôt inattendu : les menus des restaurants. Les restaurateurs connaissent bien ce principe. En plaçant leurs plats les plus rentables ou les plus populaires au début et à la fin de la liste, ils attirent l'attention des clients sur ces choix, tandis que les options moins favorables sont discrètement nichées au milieu. Ainsi, la prochaine fois que tu dîneras au restaurant, tu sauras que c'est peut-être la stratégie de Nestor à Troie qui t'a fait céder si facilement au charme de la poire Belle-Hélène.

113

Le Banquet des Souvenirs

Les lueurs dansantes des torches éclairent de leur gaîté la somptueuse villa perchée au sommet de la colline de Crannon[502]. Les colonnes de marbre blanc scintillent sous leurs caresses, comme incrustées d'étoiles. Dans la salle de banquet, où flottent les doux parfums des vins et des mets délicats, la fête bat son plein. Des rires explosent ici et là au milieu des conversations animées. Tous les notables de la ville sont réunis pour célébrer la victoire de leur hôte, Scophas, au concours de pugilat.

D'un geste, l'athlète fait cesser le brouhaha. Les esclaves se retirent. C'est le moment de l'épinicie[503]. Dans un silence respectueux, le chœur entame alors l'ode composée en l'honneur du héros du jour. Comme c'est l'usage, le poème fait l'éloge du vainqueur, de sa famille, de sa ville natale et, bien sûr, des dieux, qui lui ont permis de gagner.

Après que le chœur a quitté la salle, Simonide de Céos[504], auteur de l'épinicie, demande à son client :
— Alors, Scophas, as-tu apprécié ce lyrisme ?
— Tu as bien plus parlé des Dioscures[505] que de moi ! lâche le colosse. C'est pourquoi je ne te paierai qu'un tiers. Prends et réclame-leur donc le reste !

Alors que Simonide s'apprête à se défendre en invoquant la coutume, un esclave se penche vers lui pour l'informer que deux cavaliers le demandent à l'extérieur. Le poète sort, mais ne trouve personne. Il vient à peine de franchir le seuil de la porte, que le toit de la salle s'écroule sur les convives, les ensevelissant tous sans exception.

Les corps sont dans un tel état qu'il est impossible de les reconnaître. Simonide ferme les yeux, se concentre et revoit chacun à sa place. Il permet ainsi rapidement de rendre chaque mort à sa famille. Le poète remercie en son cœur, car il a été payé par les Dioscures au-delà de toute espérance. Il détient désormais le précieux secret de la mémoire.

nventée par Simonides de Céos, la méthode du palais de mémoire est une technique mnémotechnique qui s'appuie sur des repères visuels spatialisés pour mémoriser de manière efficace une grande quantité d'informations. Cicéron, qui ne rechignait pas à se lancer dans des réquisitoires de plus de trois heures avait, paraît-il, recours à cette stratégie.

Dans un espace familier, imagine un chemin logique passant par plusieurs pièces. Supposons que tu choisisses le parcours du lever matinal: tu te réveilles dans ta chambre, tu vas aux toilettes, tu te rends dans la salle de bain pour prendre ta douche, tu prépares le petit déjeuner dans la cuisine, etc. Tu vas attacher à chaque pièce un chapitre de ton discours. Et dans chaque pièce, un objet sera associé à un élément du chapitre correspondant.

Le parcours dans ton lieu étant logique, tu n'auras aucun mal à te souvenir de l'enchaînement des parties de ton discours. Et dans chaque pièce, les objets (savon, rasoir, etc.) étant associés à des points de ton discours de façon pertinente, tu passeras aisément de l'un à l'autre.

Connexion

As-tu remarqué, que très souvent, lorsque tu ne retrouves pas un objet, tes clefs, par exemple, tu essayes de te repasser mentalement le film de ce que tu as fait et des endroits où tu te trouvais avant de perdre la trace de l'objet en question? Ce réflexe est en fait le produit du même principe qui alimente le palais de mémoire: l'association. Notre cerveau crée naturellement des liens entre les objets et leur emplacement. C'est pourquoi il est plus facile de retrouver ses clés quand on se souvient où on était la dernière fois qu'on les avait en main.

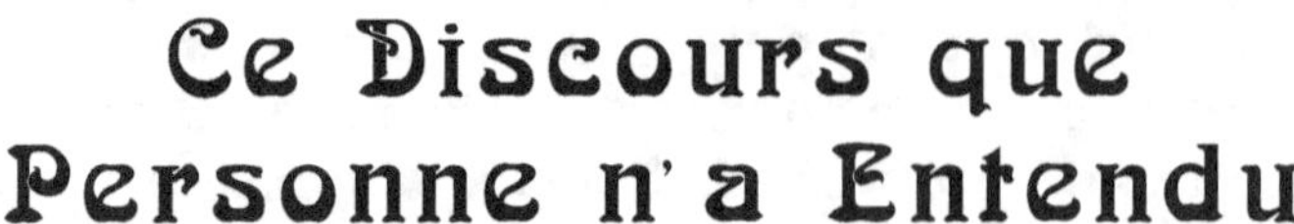

Ce Discours que
Personne n'a Entendu

Le discours de la reine Élisabeth II[506] commence ainsi, dans un contexte dramatique : « La dernière fois que je me suis adressée à vous, il y a moins de trois mois de cela, c'était pour partager avec vous le bonheur d'un Noël en famille. Nos pensées à tous étaient tournées vers les liens essentiels qui lient les générations entre elles. L'horreur de la guerre n'aurait pu paraître plus lointaine, alors que ma famille et moi-même partagions la joie des fêtes avec la famille formée par le Commonwealth.

« Aujourd'hui, la folie de la guerre s'étend de nouveau sur le monde et notre courageux pays doit se préparer à survivre, confronté aux pires obstacles. Je n'ai jamais oublié la peine et la fierté que j'ai ressenties avec ma sœur lorsque, depuis notre *nursery*, nous avons écouté les mots inspirés déclamés par notre père en ce terrible jour de 1939[507]. Je n'aurais jamais pu imaginer que cet horrible devoir me reviendrait un jour.

« Nous savons tous que les dangers auxquels nous devons faire face aujourd'hui sont bien supérieurs à ceux traversés auparavant au cours de notre longue histoire. L'ennemi n'est plus un soldat armé d'un fusil, ni même un pilote bombardant nos villes, mais le pouvoir fatal de nouvelles technologies mal exploitées.

« Mais, quelles que soient les horreurs qui nous attendent, toutes ces qualités qui nous ont aidés à préserver notre liberté par deux fois déjà lors de ce terrible siècle nous donneront de nouveau la force dont nous avons besoin. »

Après avoir invité les familles à rester soudées, le texte s'achève par un appel à l'unité et un message d'espoir : « Je vous adresse donc un message simple : aidez ceux qui en ont besoin, réconfortez ceux qui sont seuls ou sans domicile, et faites de votre famille un objet d'espoir et de survie pour les autres. Alors que nous sommes unis pour combattre ces nouvelles forces du Mal, prions pour notre pays et pour tous les hommes de bonne volonté, où qu'ils se trouvent. Que Dieu vous protège. »

édigé en 1983, en pleine guerre froide, alors que les positions de l'URSS de Iouri Andropov[508] font planer la menace d'une troisième guerre mondiale, ce discours n'a été porté à la connaissance de la reine Élisabeth II qu'en 2013, à la faveur d'une déclassification de documents secrets. Il n'a jamais été prononcé[509]. Le texte fait partie d'un document détaillant le scénario à suivre en cas d'attaque de l'Union soviétique.

Prévoir un plan B est très courant chez les candidats à des élections. Leurs équipes rédigent toujours deux discours : un discours de victoire et un discours de défaite. De leurs côtés, les journaux prévoient systématiquement deux unes pour ne pas se laisser surprendre.

En toute occasion, si tu sais qu'il y a une possibilité que l'on te demande de dire un mot, anticipe. Ne te comporte pas comme certains comédiens à la cérémonie des César qui ratent une belle occasion de briller, en bredouillant des platitudes. Prépare-toi avec soin ; c'est une marque de respect pour le public et pour ceux qui t'invitent à prendre la parole. Tu enverras ainsi une bonne image de toi.

Connexion

La pratique des alternatives se retrouve aussi à Hollywood. Avant la sortie d'un film, il est fréquent que les studios organisent, pour un public restreint, des projections tests avec deux fins différentes afin d'obtenir des retours sur le film. Les producteurs choisissent alors la fin qui remporte le plus de suffrages. Ils s'assurent ainsi de s'offrir les meilleures chances de succès dans les salles. D'autres raisons peuvent les amener à opter pour cette stratégie : les différences culturelles d'un marché à l'autre ou les diverses réglementations, notamment concernant les mineurs.

Pour la Petite Histoire

Macworld Conference & Expo[510], 9 janvier 2007. C'est le jour de l'un des plus grands événements de toute l'histoire d'Apple et même, osons le dire, de toute l'histoire des nouvelles technologies et de la téléphonie. L'annonce d'une révolution : l'iPhone. Cela fait maintenant 1 h 15 que s'exprime le CEO d'Apple. On s'approche de la fin de cette symphonie technologique. La *keynote* de Steve Jobs[511] a suscité jusque-là le plus vif intérêt. Pense donc : trois produits en un. Sa remarquable présentation a été régulièrement ponctuée d'ovations. Toute la salle est en extase.

Il est temps de parler du marché : « Jetons un œil au marché… et voyons à quoi il ressemble. » Et là : rien ! La diapo ne s'affiche pas ! « Ma télécommande ne fonctionne pas. » Un problème technique, quand on présente une révolution technologique, ça la fiche mal !

Steve Jobs change donc de télécommande : « En voici une autre… Quelle est la taille de ce marché ? Voyons voir… Non, toujours pas… » Une troisième télécommande ne donne pas de meilleurs résultats. « Ma télécommande ne marche pas. », dit-il, comme pour envoyer un signal à l'équipe technique.

Sans se départir de son calme, il ajoute en souriant : « Je peux vous dire qu'en ce moment, ça s'agite en coulisses. » [Rires] Et, habilement, afin de laisser à son équipe le temps de résoudre le problème, il se lance dans une anecdote hilarante où il raconte comment, avec Steve Wozniak[512], lorsqu'ils étaient étudiants, ils perturbaient les télévisions de leurs camarades grâce à un gadget électronique[513].

Durant sa petite histoire, Steve Jobs réussit à garder le public sous son charme. Le public rit de bon cœur, tout heureux de cet interlude improvisé. Pendant ce temps, l'équipe d'Apple s'active en coulisses et en régie pour trouver une solution. Arrivé à la chute de sa séquence souvenir, pendant les rires et les applaudissements nourris qui suivent, le patron appuie sur la télécommande. Et, oh, miracle ! La diapositive tant annoncée s'affiche. La présentation peut reprendre son cours. L'intérêt de l'auditoire est relancé.

ue peut-on retenir de ce petit moment «Oups!»? *Primo*, ça arrive même aux meilleurs. Malgré une bonne préparation, malgré une excellente organisation, personne n'est à l'abri d'un bug. *Secundo*, «zen attitude» en toutes circonstances. Face à l'imprévu, rester toujours calme et détendu. *Tertio*, le rire fait tout passer. Un brin d'humour dédramatise n'importe quelle situation. *Quarto*, l'humain prime la technologie. C'est l'humain, et non le gadget, qui est au cœur de la communication. *Quinto*, l'anecdote qui sauve. Toujours avoir une histoire dans sa manche pour faire patienter ou détourner l'attention.

Prends le temps, dès maintenant, de dresser la liste de tous «les imprévus prévisibles». Et pour chaque incident, pense à une courte anecdote que tu pourrais raconter le temps que le problème soit réglé. Note que Steve Jobs ne raconte pas une anecdote au hasard. Il choisit précisément une histoire qui parle de télécommande. Il ne fait pas une totale digression. De plus, il maintient la connexion avec le public en levant un coin de voile sur sa vie personnelle. Le public adore.

Connexion

Certains illusionnistes exploitent le «dysfonctionnement» comme ressort de tension dans leur spectacle. L'artiste débute son show. Un premier loupé; le public doute. Un deuxième; la gêne s'installe. On s'aperçoit à la fin qu'il avait tout prévu depuis le début. Extase! L'artiste a su transformer des erreurs apparentes en instants forts de son spectacle. La prochaine fois que tu rencontreras un moment «Oups!» lors d'une présentation, comporte-toi en magicien: fais disparaître le stress et ramène la confiance. Et si tu échoues, tu n'as qu'à sortir un lapin de ton chapeau. Ça marche toujours!

IX

Influence & Manipulation

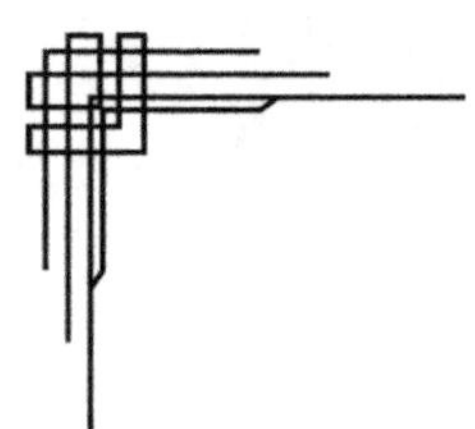

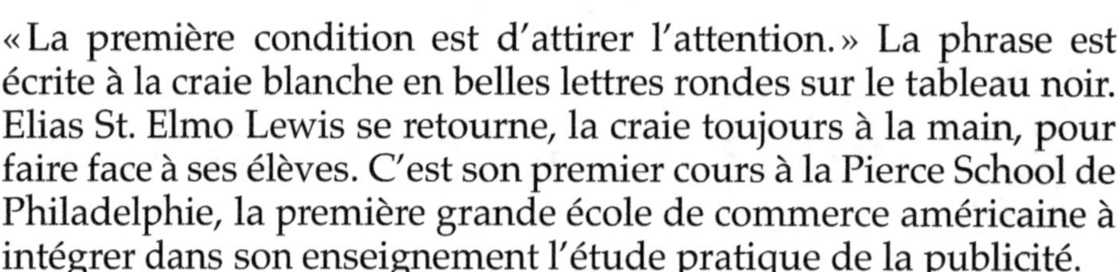

Votre Attention s'Il Vous Plaît

« La première condition est d'attirer l'attention. » La phrase est écrite à la craie blanche en belles lettres rondes sur le tableau noir. Elias St. Elmo Lewis se retourne, la craie toujours à la main, pour faire face à ses élèves. C'est son premier cours à la Pierce School de Philadelphie, la première grande école de commerce américaine à intégrer dans son enseignement l'étude pratique de la publicité.

« Et si on n'attire pas l'attention ? », demande un élève au troisième rang. « Si nous ne pouvons pas attirer l'attention du lecteur, il nous est manifestement impossible de l'intéresser ou de le convaincre. », répond Elias. « Quelle est la mission d'une publicité, d'après vous ? », enchaîne-t-il. Plusieurs mains se lèvent. D'un petit coup de menton en avant, il invite un élève à donner sa réponse : « Présenter un produit. », tente le jeune homme. Le professeur balaye la salle du regard : « La mission d'une publicité est de vendre des produits. Point ! »

Elias St. Elmo Lewis sait de quoi il parle. Si l'école lui a demandé de prendre la direction de ce nouveau programme de cours pour la rentrée 1901, c'est parce qu'il est l'un des tout premiers à avoir théorisé le message publicitaire. L'agence de publicité E. St Elmo Lewis Incorporated qu'il dirige depuis sa fondation en 1896 est une référence dans le domaine. Son slogan « *Ask Lewis about it*[514]. » a fait le tour de l'Amérique.

Le publicitaire revient vers le tableau pour écrire quatre mots, l'un au-dessus de l'autre : « Attention, Intérêt, Désir, Action. » Puis, s'adressant à la classe : « La première loi de la composition publicitaire devrait être, comme pour la réalisation d'un tableau : avoir un point sur lequel l'attention doit être concentrée et subordonner toutes les autres parties de l'annonce à ce point. Et cela du point de vue du consommateur. Pour vendre, il faut donner envie d'acheter. » Après un temps de silence, Elias résume en pointant chacun des quatre mots : « Toute publicité doit attirer l'attention, maintenir l'intérêt, susciter le désir, pousser à l'action. A-I-D-A, c'est tout ce que vous avez à retenir de ce cours. »

orte de plus d'un siècle d'existence, AIDA est la plus ancienne structure de vente[515]. Dès 1898, Elias St. Elmo Lewis[516] élabore sa fameuse formule: «Attirer l'attention, susciter l'intérêt, créer le désir.», ajoutant plus tard «obtenir une action». Le publicitaire s'inspire des travaux du psychologue William James[517] qui définit l'intérêt comme «une attention soutenue». De là, Lewis conçoit ainsi sa démarche: «Un capteur d'attention doit retenir l'esprit suffisamment longtemps pour que l'attention se transforme en intérêt, sans effort conscient de la part du lecteur[518].» Pour favoriser le passage à l'action, Lewis accompagne ses publicités d'un coupon que doit remplir le lecteur: «Le coupon est à la publicité ce que le bon de commande et le stylo à plume sont au vendeur[519].»

Initialement conçue pour l'annonce publicitaire, la structure AIDA s'impose plus tard dans le processus de vente des commerciaux et dans le *copywriting*. De fait, une théorie, connue sous le nom de «hiérarchie des effets», vient la confirmer[520]. Aujourd'hui, on retrouve AIDA en filigrane dans de nombreux discours, courts ou longs, qui réclament un passage à l'action.

Connexion

Finalement, AIDA n'est rien d'autre qu'une recette. D'ailleurs, as-tu déjà réfléchi à la façon dont tu choisis un plat au restaurant? Premièrement, la photo ou le nom du plat attire ton attention: «Carottes coquines». Ensuite, tu lis la description alléchante qui suscite ton intérêt: «Carottes laquées, sel fumé au bois de hêtre, ricotta d'amandes, crème de sésame noir». Puis tu ressens le désir de déguster ce plat: tu imagines les saveurs, les odeurs, tes yeux brillent, tu souris, tu salives… Enfin, tu passes à l'action en faisant part de ton choix au serveur. N'est-ce pas le même processus?

Obstruction Verbale

« Cet amendement sur les droits civiques est une honte ! » L'atmosphère est pesante. Les dorures du Sénat américain renvoient le vacarme des débats qui se déroulent en ce 28 août 1957. Les horloges, comme les sénateurs, semblent suspendues à chaque mot de Strom Thurmond, 54 ans, sénateur de la Caroline du Sud. Son visage, tel un vieux parchemin éclairé par le feu de la conviction, est le centre d'une tension électrique qui parcourt la salle.

Voilà maintenant trois heures qu'il s'exprime. « Vous n'allez tout de même pas parler comme ça jusqu'à l'aube ! » lance un sénateur exaspéré depuis le fond de la salle. Un sourire en coin se dessine sur le visage de l'orateur. « Oh, j'ai bien peur que si, Monsieur l'honorable Sénateur du Michigan. », rétorque-t-il, déterminé.

Des murmures s'élèvent, des protestations se font entendre, mais ils rebondissent sur une volonté de fer, aussi inébranlable que l'obstination d'un enfant réclamant une barbe à papa.

À la quinzième heure, Strom Thurmond sort une feuille de sa poche et continue : « Chers amis, chers citoyens, la période pour une nouvelle élection d'un citoyen, pour administrer le gouvernement exécutif des États-Unis, n'étant pas très éloignée… » Chacun comprend qu'il est en train de lire le discours d'adieu de George Washington pour gagner du temps[521].

La fatigue envahit la salle, tissant autour de chaque sénateur une bulle de somnolence. Mais lui, le sénateur rebelle, reste debout. Il raconte, il énumère, il plaide. Sa voix est le violon qui joue le dernier mouvement d'un concerto éternel.

La nuit tombe, mais le sénateur résiste. Le temps s'étire, la salle s'endormant et se réveillant au rythme de sa voix persistante. Après moult digressions, il entreprend finalement de lire la Déclaration d'indépendance des États-Unis. Puis, il s'assoit et se tait… au bout de vingt-quatre heures et dix-huit minutes, épuisé, marquant le plus long *filibuster* de toute l'histoire du Sénat américain.

onnue aux États-Unis sous le nom de *filibuster*, l'obstruction parlementaire est une tactique par laquelle un débat est prolongé afin de retarder ou d'empêcher une législation. Le mot *filibuster* provient du néerlandais *vrijbuiter*, signifiant « pirate », qui a donné aussi le mot « flibustier » en français. Il décrit le comportement de sénateurs « piratant » le débat.

Cette manœuvre est autorisée par les règles du Sénat américain qui ne limitent pas le temps de parole. Un sénateur peut donc parler indéfiniment, entravant ainsi à dessein le processus législatif.

Cependant, un *filibuster* peut être stoppé par une « clôture », un vote à la majorité des trois cinquièmes (actuellement 60 sénateurs sur 100) pour mettre fin au débat et procéder au vote du projet de loi.

Strom Thurmond[522] a utilisé le *filibuster* pour faire obstruction à un amendement sur les droits civiques en faveur du droit de vote des Afro-Américains[523]. Prendre la parole, même pour ne rien dire, est déjà un pouvoir.

Connexion

Certains footballeurs maîtrisent l'art de la « simulation » avec autant de talent qu'un acteur oscarisé. Ils se roulent par terre, grimacent de douleur, tout ça pour briser le rythme du match, faire souffler leur équipe ou obtenir une sanction contre l'adversaire. Même si cette tactique est souvent critiquée, elle fait partie du jeu, tout comme l'obstruction parlementaire dans le monde politique. L'objectif ultime n'est pas toujours de gagner, mais parfois simplement de retarder la défaite. Et puis, avouons-le, un match de foot sans une bonne vieille simulation, ça manquerait un peu de piment, non ?

L'Accessoire n'est pas Secondaire

« Mon objectif aujourd'hui est de vous fournir des informations supplémentaires, de vous faire part de ce que les États-Unis savent sur les armes de destruction massive[524] de l'Irak, ainsi que sur l'implication de l'Irak dans le terrorisme. » Ainsi commence Colin Powell[525], secrétaire d'État des États-Unis, devant le Conseil de sécurité des Nations Unies[526]. Ensuite, commentant enregistrements d'écoutes téléphoniques et photos satellites présentés en alternance, il montre de quelle façon le régime de Saddam Hussein[527] entrave la mission des inspecteurs de l'ONU dans le cadre du désarmement.

C'est alors qu'il brandit une fiole remplie de poudre blanche, pour aborder le volet des armes biologiques : « Moins d'une cuillère à café d'anthrax[528] sec dans une enveloppe, à peu près cette quantité, a entraîné la fermeture du Sénat des États-Unis à l'automne 2001. Plusieurs centaines de personnes ont dû recevoir un traitement médical d'urgence et deux employés de la poste ont été tués à cause de cette quantité, à peu près, contenue dans une enveloppe[529]. L'Irak a déclaré 8 500 litres d'anthrax. Mais l'UNSCOM[530] estime que Saddam Hussein aurait pu en produire 25 000 litres. Concentrée sous forme sèche, cette quantité suffirait à remplir des dizaines et des dizaines de milliers de cuillères à café. Or, Saddam Hussein n'a pas rendu compte, de manière vérifiable, d'une seule cuillerée à café de cette matière mortelle. »

Colin Powell pose la fiole, puis enchaîne successivement sur les armes chimiques[531], les armes nucléaires[532], le terrorisme[533] d'Al-Qaïda[534], les violations des droits de l'homme[535], avant de conclure : « Nous savons que Saddam Hussein est déterminé à conserver ses armes de destruction massive et à en fabriquer d'autres. [...] Les États-Unis ne veulent pas et ne peuvent pas courir ce risque pour le peuple américain. Laisser Saddam Hussein en possession d'armes de destruction massive quelques mois ou quelques années de plus n'est pas une option, pas dans le monde de l'après 11 septembre[536]. [...] Nous ne devons pas reculer devant ce qui nous attend. Nous ne devons pas manquer à notre devoir et à notre responsabilité envers les citoyens des pays représentés par cet organe[537]. »

ne petite fiole de poudre blanche agitée devant le Conseil de sécurité de l'ONU aura suffi à convaincre le monde de la présence d'armes à destruction massive dans les mains de Saddam Hussein, justifiant ainsi l'invasion de l'Irak le 20 mars 2003. Nous savons depuis que tout n'était que mensonge: il n'y avait pas d'armes de destruction massive en Irak et la fameuse fiole ne contenait qu'une poudre inoffensive (sans doute de la lessive). Colin Powell, lui-même, a reconnu une «erreur» de renseignement. Il n'empêche qu'un petit accessoire a scellé le sort de milliers de personnes[538]. En matérialisant une menace, Colin Powell a créé l'émoi dans la communauté internationale[539].

La matérialisation est l'un des stratagèmes les plus puissants pour provoquer des émotions chez l'auditoire. Un accessoire peut jouer, dans un discours, un rôle persuasif déterminant. N'importe quel accessoire est envisageable pour appuyer le propos dans le cadre d'une démonstration, pourvu qu'il soit exposé au moment opportun (pas avant), facile à manier au pupitre et surtout vraisemblable (peu importe qu'il soit vrai ou faux).

Connexion

Les vendeurs de rue ou de téléachat assurant la promotion d'appareils ménagers font partie des plus convaincants en maniement d'accessoires: l'appareil qui coupe une tarte équitablement en cinq ou en onze, ou encore celui qui émince les légumes en forme de cœur. Et cela, à la vitesse de l'éclair et pour à peine un petit billet. Mais bizarrement, cela ne se passe jamais comme ça une fois chez toi: la tarte finit par terre et les légumes sont en purée. La prochaine fois que quelqu'un brandit un objet pour étayer son discours, demande-toi s'il ne s'agit pas d'un tour de passe-passe!

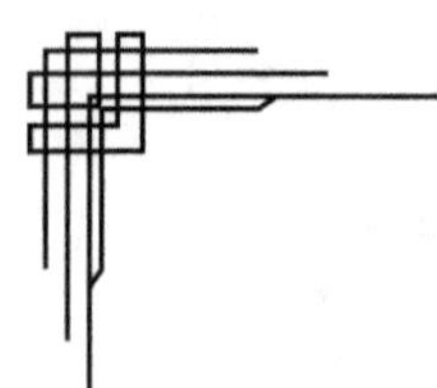

Le Vrai du Faux

Le procureur général se lève et, s'adressant à la cour : « Nous prouverons que l'accusé est coupable d'avoir vendu un trésor culturel national à un dignitaire du IIIe Reich. » Han van Meegeren sait qu'il risque d'être fusillé comme tous les collabos. Alors, il tente de minimiser : « Je n'ai pas vendu *Le Christ et la femme adultère*[540] à Hermann Göring[541]. Je l'ai échangé contre 200 tableaux qu'il avait confisqués à nos musées[542]. J'ai donc sauvé ces œuvres de l'avidité des nazis. » Mais le subterfuge ne marche pas. Le juge insiste : « Il n'empêche que vous avez livré un Vermeer[543] à l'occupant. » Acculé, Han van Meegeren finit par lâcher : « Ce n'est pas un Vermeer. C'est moi qui ai peint ce tableau. » Après tout, ne vaut-il pas mieux s'avouer faussaire que de passer pour un traître, surtout lorsque sa vie est en jeu ? Et le procureur de se gausser : « Johannes Vermeer est sans nul doute l'un des plus grands artistes de l'Histoire. Et vous voudriez nous faire croire que vous peignez aussi bien que lui ? »

Le procureur général invite alors à la barre Dirk Hanneman[544], directeur du Musée Boijmans[545] et critique d'art : « Pensez-vous, Monsieur, que ce tableau pourrait-être un faux ? », lui demande-t-il en pointant du doigt l'objet du crime. « Sûrement pas, assène l'expert. J'ai consulté six spécialistes qui ont conclu comme moi. Ce tableau a été peint par Vermeer vers 1660. » Quelle revanche pour van Meegeren, dont les critiques d'art, Hanneman en tête, avaient ruiné la carrière vingt-cinq ans plus tôt, l'étrillant à longueur d'articles. Il lui aura fallu cinq ans pour rendre la supercherie indétectable, cinq ans pour apprendre à broyer les pigments comme le maître de Delft[546], pour se glisser dans son pinceau et trouver le moyen de vieillir la toile artificiellement[547].

C'est ensuite au tour de l'avocat de la défense d'interroger Dirk Hanneman : « Pourriez-vous nous donner votre avis sur cette autre toile ? », demande-t-il, ôtant le drap qui la couvrait. L'expert scrute l'œuvre durant quelques minutes, puis se redresse : « C'est un Vermeer, sans aucun doute ! » Avec jubilation, l'avocat laisse tomber : « Ce tableau a été peint ces derniers jours par Han van Meegeren dans sa prison[548], en présence de six témoins[549]. »

Pour contredire les experts et sauver sa peau, Han van Meegeren[550] n'a d'autres choix que de se livrer à une démonstration éclatante qui prouve sans appel son innocence dans cette affaire de haute trahison[551].

La démonstration est l'un des outils les plus puissants pour faire passer un message et convaincre. Une idée qui serait restée abstraite prend alors corps. Une démonstration implique souvent une stimulation sensorielle qui peut être plus engageante que les mots seuls. Grâce à une illustration en direct, l'orateur renforce sa crédibilité. De plus, en touchant l'auditoire sur le plan émotionnel, une démonstration aide à renforcer l'apprentissage et la rétention de l'information. Elle permet de dissiper les doutes en fournissant une preuve concrète à l'appui de l'argumentation. Enfin, incorporer des démonstrations dans un discours peut briser la monotonie et ajouter du dynamisme à la présentation.

Une démonstration ajoute une dimension supplémentaire à la présentation en améliorant l'efficacité de la communication de façon mémorable.

Connexion

« *Show! Don't tell!*[552] » C'est le mantra de la scénographie. Ce principe est la quintessence même de la démonstration. Il s'agit d'une règle que les scénaristes, les réalisateurs et même les romanciers utilisent pour immerger profondément le public ou le lecteur dans une histoire. Au lieu de simplement dire qu'un personnage est triste, ils peuvent montrer cette tristesse par une larme, un visage morose ou un environnement pluvieux: impact émotionnel garanti. Désormais, si tu veux convaincre quelqu'un de ta tristesse, verse donc une petite larme! Mais si tu es en colère, évite de le frapper!

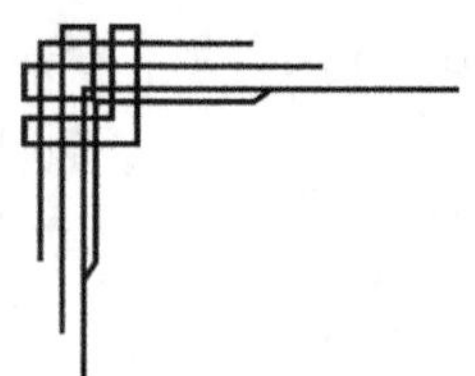

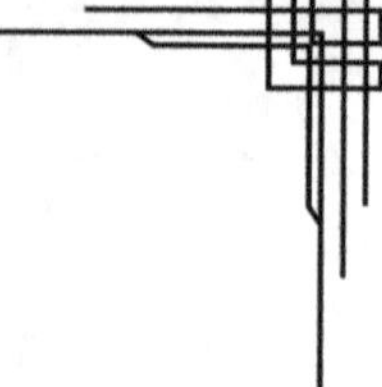

Le Mot de la Fin

Sharam, le chef de la police, entre dans la salle d'audience de l'empereur Khosro II[553], le *Shahanshah*[554], le Roi des rois.

— Shahanshah, Kophar l'astrologue est ici pour vous demander l'asile. Il est chassé de la cour par Phocas[555], qui vient de renverser l'empereur Maurice[556].

— Qu'en penses-tu, Sharam?

— Il est le seul du proche entourage de Maurice à avoir échappé à la fureur de Phocas. Tous les autres ont été mis à mort[557]. Je pense qu'en réalité c'est un espion, raison pour laquelle il a eu la vie sauve.

— Alors, exécute-le. Et fais venir mon chef des armées afin que j'étudie avec lui quelques options. Je crois que c'est le moment d'en finir avec Byzance, tant que Phocas n'a pas encore ses deux fesses bien calées sur le trône[558].

— Très bien, Shahanshah. Il en sera fait ainsi.

— Non. Attends! Fais entrer l'astrologue. Que je m'amuse un peu!

Quelques instants plus tard, Kophar se présente devant l'empereur, escorté de quatre gardes.

— Que viens-tu faire chez les Sassanides[559], Kophar?

— Je suis ici, Shahanshah, pour suivre l'enseignement du mage Dormiz qui détient le secret des pierres guérisseuses.

— On dit que tu es un brillant astrologue.

— Je ne fais qu'obéir aux étoiles, Shahanshah.

— Alors, dis-moi, Kophar, quelle sera la date de ta mort? Demande Khosro, perfide, petit sourire sadique au coin des lèvres.

— Je ne peux donner la date de ma mort avec exactitude, Shahanshah. Mais ce dont je suis sûr, c'est que je mourrai trois jours avant toi, pas un de plus, pas un de moins. Ainsi en sera-t-il!

Kophar a si bien déjoué le piège, que l'empereur, comprenant son intérêt, se lève et le prend dans ses bras: «Sois le bienvenu en Perse, Kophar. Dès aujourd'hui, tu t'installes au palais; je te veux près de moi. Tu ne manqueras de rien.» Et jusqu'à la fin de sa vie, Khosro II n'aura de cesse de veiller à la sécurité et au bien-être de l'astrologue.

Sentant le piège se resserrer sur lui, Kophar réussit à inverser la situation en contrant la menace. Il oblige ainsi l'empereur à prendre une décision qui, sans lui nuire, sert les intérêts de l'astrologue.

Un discours a vocation à influencer un auditoire. Les rhéteurs de l'Antiquité étaient tous d'accord là-dessus. Cependant, l'influence comporte deux faces: d'un côté, la persuasion, de l'autre, la manipulation. Persuader, c'est amener quelqu'un, en toute sincérité, à agir pour son bien au moins autant que pour le tien. Manipuler, c'est ne faire agir une personne qu'à l'aune de tes propres intérêts en lui mentant sur les siens. La manipulation est le côté sombre de l'influence; la persuasion en est le côté lumineux. Je t'encourage à toujours œuvrer dans la lumière, sans jamais verser du côté obscur de l'influence.

Kophar se place dans une troisième voie: le clair-obscur. Il pense à son intérêt avant tout, rester en vie, mais sans nuire à celui de Khosro. L'influence claire-obscure, plutôt que la persuasion, est à utiliser lorsque sortir d'une situation est une question de survie.

Connexion

Même si le Caravage[560], suivi par Rembrandt[561], est considéré comme le maître du clair-obscur[562], le procédé était déjà pratiqué dans la Grèce antique au IVe siècle avant notre ère. Alors que les Anciens utilisaient le clair-obscur essentiellement pour suggérer des reliefs et marquer des volumes, le Caravage lui donne une valeur spirituelle: ce qui relève du terrestre est plongé dans l'obscurité de l'ignorance, quand le divin se révèle dans la lumière. Rembrandt, quant à lui, en fait un effet théâtral, accentué par un coup de pinceau rugueux. Apprends à jouer des contrastes dans tes discours.

NOTES

[1] Corax de Syracuse est un sophiste du VIe siècle av. J.-C., fondateur de la rhétorique. On lui doit aussi l'invention du sommaire.

[2] Tisias de Syracuse (Ve siècle av. J.-C. - 467 av. J.-C.), assiste son maître, Corax, dans la fondation de la rhétorique. Il rédige le tout premier manuel de rhétorique.

[3] Un logographe est, dans la Grèce antique, un rédacteur professionnel de discours judiciaires. À l'époque, la profession d'avocat n'existe pas. Selon le Code de Solon (640-558 av. J.-C.), la loi oblige le plaideur, qu'il soit plaignant ou accusé, à défendre lui-même sa cause. S'il ne se sent pas capable de composer un discours, il peut consulter un logographe à qui il expose le cas. Le logographe rédige alors un texte que son client récitera au tribunal. Le premier à avoir exercé cette profession est Antiphon (480-410 av. J.-C.), l'un des dix orateurs attiques.

[4] Syracuse est une ville située sur la côte sud-est de la Sicile, la plus grande île d'Italie et de la Méditerranée. La cité est fondée en 734 av. J.-C. par des colons grecs venus de Corinthe.

[5] L'aîné, Gélon (525-478 av. J.-C.), règne de 485 av. J.-C. jusqu'à sa mort ; son cadet, Hiéron Ier, de 478 à 466 av. J.-C., année de son décès ; et le troisième, Thrasybule, de 466 à 465 av. J.-C., année de son exil.

[6] Thrasybule de Syracuse est le troisième tyran de Syracuse, de 466 à 465 av. J.-C. « Violent et sanguinaire, il fit mourir injustement beaucoup de citoyens et, après en avoir exilé un grand nombre sur des accusations mensongères, il confisqua leurs biens au profit du trésor royal. », rapporte Diodore de Sicile, historien grec du Ier siècle av. J.-C.

[7] Renversé par la population excédée de ses exactions, Thrasybule réussit à négocier son exil à Locres, en Calabre.

[8] Empédocle d'Agrigente (490-430 av. J.-C.) est un philosophe, poète, ingénieur et médecin grec de Sicile. Il est à l'origine de la théorie des quatre éléments selon laquelle toute chose matérielle est composée d'air, de feu, d'eau et de terre.

[9] L'exorde, aussi appelé introduction ou ouverture, est la première partie du discours. Sa vocation est de donner envie à l'auditeur d'écouter la suite. L'exorde doit remplir quatre missions. Tout d'abord, il faut attirer l'attention, que toutes les oreilles se dirigent vers celui qui parle. Ensuite, il s'agit pour l'orateur d'établir la connexion avec le public, afin de s'assurer que le message passera. Puis, l'exorde doit susciter l'intérêt, c'est-à-dire montrer en quoi ce qui va être dit a de la valeur pour celui qui écoute. Enfin, il n'y a plus qu'à lancer le sujet. C'est la méthode ACIS : Attention, Connexion, Intérêt, Sujet. Tu découvriras vingt-huit techniques d'ouverture dans : Éric Bah, *L'Ouverture de Discours*, Koan Éditions, 2021.

[10] La narration, ou exposition, est généralement la deuxième partie du discours. Son rôle est d'exposer les faits, de planter le décor, de rappeler les épisodes précédents, de dresser l'historique qui est à l'origine de ce qui va être défendu, ou encore de légitimer l'orateur. Pour approfondir le plan : Éric Bah, *La Structure du Discours*, Koan Éditions, 2021.

[11] Dans la confirmation, qui vient après la narration, il s'agit pour l'orateur de démontrer qu'il a raison. La confirmation a pour objectif l'établissement des

faits. Elle est constituée d'un faisceau d'arguments convergeant vers une même conclusion. Elle sert à convaincre ; elle repose sur une argumentation qui fait triompher les preuves et est à la fois le siège de cette argumentation. Pour en savoir plus sur l'argumentation : Éric Bah, *La Structure du Discours*, Koan Éditions, 2021.

[12] La réfutation, qui suit en principe la confirmation, a pour but de prouver que la partie opposée a tort, que la thèse adverse est erronée. Quand la confirmation établit les faits et fournit des preuves, la réfutation nie les premiers et détruit les seconds. Mais les règles et les étapes de la construction de la réfutation restent les mêmes.

[13] La péroraison, aussi appelée conclusion ou finale, est la dernière partie du discours. Cette partie a une double vocation : rendre le discours mémorable et pousser les auditeurs à l'action. Le finale est en charge de quatre missions bien précises : proposer un digest, susciter l'émotion, faire bouger le public et coudre l'ourlet. Résumer le propos marque le début du finale. Ensuite, il est judicieux d'émouvoir avant d'inciter à l'action. Enfin, l'ourlet fixe la limite du discours. En relation avec ces missions, pour finir un discours, il existe vingt-huit façons qui sont décrites dans : Éric Bah, *Le Finale du Discours*, Koan Éditions, 2021.

[14] Gorgias (480-375 av. J.-C) est un sophiste grec. Élève de Tisias, il enseigne l'art de persuader. Grâce à cette activité, il s'enrichit au point d'être en mesure de faire ériger au temple de Delphes une statue en or massif. Il utilise aussi la rhétorique pour persuader les patients de son frère médecin d'accepter le traitement préconisé, notamment lorsqu'il est question d'amputation.

[15] Isocrate d'Athènes (436-338 av. J.-C.) est l'un des dix orateurs attiques. Trop timide pour prendre la parole en public, il embrasse dans un premier temps la carrière de logographe. Puis il fonde la première école de rhétorique à laquelle il consacre les cinquante dernières années de sa vie. Son école, de grande renommée, forme de nombreux orateurs parmi les meilleurs de l'époque.

[16] Le titre « orateur attique » est attribué aux dix plus grands orateurs des Ve et IVe siècles av. J.-C. La liste communément admise en est donnée dans *La vie des dix orateurs*, attribué à Plutarque : Andocide (440-391), Antiphon (480-411), Démosthène (384-322), Dinarque (365-292), Eschine (390-314), Hypéride (388-322), Isée (420-340), Isocrate (436-338), Lycurgue (390-324), Lysias (440-380).

[17] Voir note n° 84

[18] Hypéride (388-322 av. J.-C.) est un homme d'État athénien. Élève de Platon et d'Isocrate, il fait partie des dix orateurs attiques, parfois classé comme le premier d'entre eux, avant Démosthène. Son style est caractérisé par l'élégance, l'ironie et la solidité de ses compositions. Six discours seulement nous sont parvenus sur les cinquante-deux qui lui sont attribués par la littérature de l'époque.

[19] Isée (420-340 av. J.-C.) est l'un des dix orateurs attiques. Formé à l'éloquence par Isocrate, puis Lysias, il se spécialise dans les affaires d'héritage. Il ouvre à son tour une école à Athènes et devient le conseiller attitré de Démosthène. Réputé procédurier, il privilégie l'argumentation au style. Il est le premier à donner des noms aux différentes figures de rhétorique. Il nous reste de lui douze discours sur la quarantaine mentionnés par ses contemporains.

[20] Lycurgue (390-324) est un orateur et homme politique grec du parti nationaliste et anti-macédonien. Il est l'élève de Platon puis d'Isocrate. Après la défaite de Chéronée (338 av. J.-C.) face à Philippe II de Macédoine (382-336 av. J.-C.), il réussit à redresser les finances de la cité d'Athènes au poste de contrôleur de finances qu'il occupe pendant douze ans. Il serait à l'initiative du dépôt légal. Un seul de ses plaidoyers nous est connu dans son intégralité ; les autres ne le sont que sous forme de fragments. Lycurgue compte parmi les dix orateurs attiques.

[21] La *Rhétorique* est un ouvrage du philosophe grec Aristote (384-322 av. J.-C.), composé vraisemblablement entre 329 et 323 av. J.-C., traitant de l'art oratoire. Il est composé de trois livres : le premier est consacré à la définition et aux principes de base de la rhétorique, le deuxième traite des émotions et le dernier aborde le style.

[22] Voir note n° 459.

[23] Voir note n° 91.

[24] Voir note n° 26.

[25] Fils de Zeus et de Maïa, Hermès est un dieu de la mythologie grecque. Il est le messager des dieux et leur intermédiaire auprès des hommes. Il est aussi le dieu des orateurs, des voyageurs, des commerçants… et des voleurs. Il conduit les âmes des morts aux Enfers. Son équivalent chez les Romains est Mercure. Photo : Marie-Lan Nguyen (2009), *Hermès Logios*, marbre, copie romaine de la fin du Ier siècle ou du début du IIe siècle apr. J.-C. d'après un original grec du Ve siècle av. J.-C.

[26] Quintilien (v.35-v.96), Marcus Fabius Quintilianus, en latin, est un avocat, rhéteur et pédagogue romain, inspiré par Cicéron. Né à Calagurris Nassica (aujourd'hui Calahorra, dans le nord de l'Espagne), il est l'auteur d'un important manuel de rhétorique, l'*Institution oratoire*, dont l'influence a traversé les siècles. À 34 ans, en 69, enseignant la rhétorique dans un établissement public, il devient le premier professeur officiellement rémunéré par l'administration romaine.

[27] Quintilien se retire de la vie publique en 89, à 54 ans.

[28] Quintilien perd sa jeune femme en l'année 89. Il a avec elle deux garçons.

[29] Le fils aîné de Quintilien meurt en 90.

[30] Le second fils de Quintilien s'éteint en 95, pendant l'écriture de l'*Institution Oratoire*, après huit mois d'agonie. Quintilien en est très affecté. Ce qu'il confie dans son introduction du sixième livre : « Objet de mes vaines espérances, ai-je donc pu voir tes yeux se noyer dans la mort, entendre ton dernier souffle, embrasser ton corps glacé et sans vie, recueillir ton âme fugitive, et survivre à ma douleur ? »

[31] *Institution oratoire* (*De institutione oratoria*) est un manuel de rhétorique en douze volumes écrit par Quintilien entre 92 et 95. Traduction de C.V. Ouizille (1829) : QR code n° 76. Traduction de M. Nisard (1875) : QR code n° 77.

[32] « J'espérais que, si les destinées me retiraient de ce monde avant mon fils, comme il était plus juste et désirable que cela fût, il ne laisserait pas d'avoir encore son père pour guide et pour maître. » Quintilien, *Institution oratoire*, livre VI, introduction.

[33] L'invention (*inventio*, en latin) est la première des cinq phases de la rhétorique. C'est la recherche la plus exhaustive possible de tous les moyens de persuasion relatifs au thème du discours. « L'invention consiste à trouver les arguments vrais ou vraisemblables propres à rendre la cause convaincante. » Cicéron, *Rhétorique à Herennius*, livre I, chap. 3.

[34] La disposition (*dispositio*, en latin), deuxième phase de la rhétorique, étudie la structure du texte et son agencement. « La disposition sert à mettre en ordre les matériaux de l'invention de manière à présenter chaque élément à un endroit déterminé. » Cicéron, *Rhétorique à Herennius*, livre III, chap.16. La disposition repose généralement sur cinq parties : l'exorde, la narration, la confirmation, la réfutation et la péroraison. Comme le fait remarquer Quintilien, certains rhéteurs poussent jusqu'à sept parties, ajoutant la digression et la division.

La digression, aussi appelée excursion ou encore déviation, participe de l'ornement du discours. Elle aide à rendre le propos agréable à suivre, pourvu qu'elle conserve un lien, même ténu, avec le sujet. Elle offre une sorte de respiration. Souvent positionnée après la narration, elle trouve aussi sa place à la suite, et même à l'intérieur, de chaque partie argumentative. Certains la placent avant la péroraison. Cicéron conseille néanmoins de l'éviter absolument dans la narration.

La division, parfois appelée partition, a pour objet principal l'annonce des différentes propositions qui seront argumentées dans la suite du discours. On utilise donc la division pour apporter de la clarté à ce qui va suivre. Il s'agit simplement d'indiquer ce que l'on va dire. La division peut représenter une partie du discours à part entière ou bien, lorsqu'elle est courte et particulièrement en l'absence de narration, s'intégrer dans l'ouverture dont elle sera le dernier volet. Elle peut aussi constituer le premier paragraphe de chacune des parties composant le corps du discours.

[35] L'élocution (*elocutio*, en latin), troisième phase de la rhétorique, est la rédaction du discours (à ne pas confondre avec le sens qu'a le mot « élocution » aujourd'hui). Elle concerne le choix des mots et la composition des phrases. C'est dans cette phase que l'orateur exprime son style personnel en s'appuyant notamment sur des figures de rhétorique. Cicéron reconnaissait trois styles oratoires. Le style simple convient lorsqu'il s'agit essentiellement d'instruire, d'informer, d'expliquer (*docere* / logos). Le style tempéré est fait pour plaire (*placere* / ethos). Et le style sublime a pour but d'émouvoir (*movere* / pathos).

[36] La mémoire (*memoria*, en latin), quatrième phase de la rhétorique, est l'art de retenir son discours afin de pouvoir le restituer le moment venu, « un trésor qui rassemble toutes les idées fournies par l'invention et qui conserve toutes les parties de la rhétorique. » Cicéron, *Rhétorique à Herennius*, livre III, chap. 28.

[37] L'action (*actio*, en latin), cinquième et dernière phase de la rhétorique est le moment de la prononciation du discours ; on la désigne d'ailleurs parfois sous le nom de « prononciation ». La gestuelle, les déplacements, la diction, ainsi que tout ce qui concerne la voix en font partie.

[38] « La Fortune m'a frappé d'un coup si rude, que le fruit de mon travail m'intéresse désormais moins que personne. » Quintilien, *op. cit.*

[39] Quintilien voue une grande admiration à Cicéron (voir note n° 91).

[40] L'école de rhétorique de Quintilien devient rapidement l'une des plus réputées de Rome.

[41] Vespasien (9-79 apr. J.-C.) est un empereur romain qui règne de 69 jusqu'à sa mort. En 70, il fait édifier le Colisée, le plus grand amphithéâtre jamais construit dans l'Empire romain, pouvant accueillir 50 000 spectateurs. À sa mort, ses fils, Titus, puis Domitien, lui succèdent.

[42] Le laticlave est une large bande pourpre ornant la tunique ample des sénateurs.

[43] « Que si la douleur qui m'accable aujourd'hui se relâche un peu avec le temps, et qu'elle puisse compatir avec d'autres pensées, je crois qu'on me pardonnera sans peine d'avoir fait attendre la fin de cet ouvrage. En effet, s'étonnera-t-on qu'il ait été différé, lorsqu'on devrait bien plutôt s'étonner qu'il n'ait pas été tout à fait abandonné ? » Quintilien, *op. cit.*, livre VI, introduction.

[44] Lis l'introduction du sixième livre de l'*Institution oratoire* : QR code n° 78.

[45] Frédéric II de Prusse (1712-1786), dit Frédéric le Grand, est roi de Prusse de 1740 à 1786. Il est passionné de littérature antique.

[46] Frédéric II, *De la littérature allemande, des défauts qu'on peut lui reprocher, quelles en sont les causes, et par quels moyens on peut les corriger*, 1789.

[47] Quintilien, *Institution oratoire*, édition bilingue, 7 tomes, Les Belles Lettres, 2000.

[48] René Descartes (1596-1650) est un mathématicien, physicien et philosophe français. Il est considéré comme l'un des fondateurs de la philosophie moderne.

[49] Le *Discours de la méthode* (sous-titré : *Pour bien conduire sa raison, et chercher la vérité dans les sciences*) est un texte philosophique publié anonymement par René Descartes le 8 juin 1637. Il est reconnu comme l'une des œuvres fondatrices de la philosophie moderne occidentale.

[50] Les quatre règles de la méthode de Descartes :
– Première règle : « Ne recevoir aucune chose pour vraie que je ne la connusse évidemment être telle. »
– Deuxième règle : « Diviser chacune des difficultés que j'examinerais, en autant de parcelles qu'il se pourrait et qu'il serait requis pour les mieux résoudre. »
– Troisième règle : « Conduire par ordre mes pensées, en commençant par les objets les plus simples et les plus aisés à connaître pour monter peu à peu, comme par degrés, jusqu'à la connaissance des plus composés. »
– Quatrième règle : « Faire partout des dénombrements si entiers, et des revues si générales, que je fusse assuré de ne rien omettre. »

[51] Harfleur est une commune française, limitrophe du Havre, située dans le département de la Seine-Maritime en région Normandie. Henri V s'installe devant les remparts d'Harfleur le 18 août 1415. La ville tombe après un mois de siège.

[52] *La Chronique de l'histoire d'Henri le Cinquième* (*The Chronicle History of Henry the Fifth*) est le titre originel de la pièce de Shakespeare aujourd'hui connue sous le nom de *Henri V*. L'œuvre, écrite vers 1599, met en scène Henri V d'Angleterre (1386-1422), narrant les événements autour de la bataille d'Azincourt (1415).

[53] Azincourt est une commune française située dans le département du Pas-de-Calais en région Hauts-de-France. La bataille d'Azincourt, l'une des plus connues de la Guerre de Cent Ans (1337-1453), se déroule le 25 octobre 1415 et voit la défaite des 10 000 soldats français de Charles VI le Fou (1368-1422) face aux 6 000 Anglais d'Henri V (1386-1422).

[54] Fondée en 1594, sous le règne d'Élisabeth Ire d'Angleterre, la troupe de théâtre à laquelle appartient William Shakespeare, en tant qu'acteur et auteur, se nomme les Lord Chamberlain's Men. En 1603, lors de l'accession au trône d'Angleterre de Jacques Ier (1566-1603), désormais protégée par le roi, la troupe prend le nom de King's Men.

[55] Le Théâtre du Globe est l'un des quatre principaux théâtres de Londres à l'époque. Construit par la troupe de Shakespeare en 1599, il accueille toutes les pièces du dramaturge jusqu'à sa destruction par le feu le 29 juin 1613. L'incendie est dû à un canon de théâtre utilisé pour les effets spéciaux d'*Henri VIII*. Le théâtre est aussitôt reconstruit au même endroit.

[56] William Shakespeare (1564-1616) est un dramaturge, poète et acteur anglais. Considéré comme un auteur majeur de la langue anglaise, il laisse une œuvre composée de 39 pièces de théâtre (16 comédies, 11 pièces historiques, 12 tragédies) et 154 sonnets. Avec un total de 4 281 traductions (source : *Index Translationum*), Shakespeare est le troisième auteur le plus traduit au monde après Agatha Christie et Jules Verne. Ses pièces ont fait l'objet de plus de 400 adaptations cinématographiques. Sa vie est évoquée dans le film *Shakespeare in Love* de John Madden (1999) avec Joseph Fiennes dans le rôle-titre.

[57] Henri V (1386-1422) est roi d'Angleterre de 1413 à 1422. Sa vie est évoquée dans la pièce de théâtre *Henri V* de William Shakespeare (1599), et dans les

films *Henry V* de et avec Laurence Olivier (1944), *Falstaff* de et avec Orson Welles (1966), *Henry V* de et avec Kenneth Branagh (1989), *Henry V* de Peter Babak (2007), *Le Roi* de David Michôd (2019) avec Timothée Chalamet dans le rôle-titre.

[58] William Shakespeare est surnommé « le Barde d'Avon » (en référence à la rivière Avon qui traverse sa ville natale, Stratford-upon-Avon), « le Barde immortel » ou simplement « le Barde».

[59] L'hypotypose est une figure de style par laquelle l'auteur fait d'une scène une description si vivante que les auditeurs ou les lecteurs ont l'impression qu'elle se déroule sous leurs yeux.

[60] Allusion au massacre des Innocents, épisode de l'*Évangile selon Matthieu* (2:16-18) qui raconte comment le roi de Judée, Hérode Ier le Grand (73-4 av. J.-C.) fit mettre à mort tous les enfants de deux ans et moins dans la région de Bethléem afin que ne s'accomplisse pas la prophétie concernant l'avènement du roi des Juifs.

L'allusion est une figure de rhétorique par laquelle un mot ou une formule fait volontairement penser à un objet qui n'est pas mentionné explicitement.

[61] Le discours en anglais du roi Henri V devant Harfleur : « How yet resolves the governor of the town? / This is the latest parle we will admit; / Therefore to our best mercy give yourselves; / Or like to men proud of destruction / Defy us to our worst: for, as I am a soldier, / A name that in my thoughts becomes me best, / If I begin the battery once again, / I will not leave the half-achieved Harfleur / Till in her ashes she lie buried. / The gates of mercy shall be all shut up, / And the flesh'd soldier, rough and hard of heart, / In liberty of bloody hand shall range / With conscience wide as hell, mowing like grass / Your fresh-fair virgins and your flowering infants. / What is it then to me, if impious war, / Array'd in flames like to the prince of fiends, / Do, with his smirch'd complexion, all fell feats / Enlink'd to waste and desolation? / What is't to me, when you yourselves are cause, / If your pure maidens fall into the hand / Of hot and forcing violation? / What rein can hold licentious wickedness / When down the hill he holds his fierce career? / We may as bootless spend our vain command / Upon the enraged soldiers in their spoil / As send precepts to the leviathan / To come ashore. Therefore, you men of Harfleur, / Take pity of your town and of your people, / Whiles yet my soldiers are in my command; / Whiles yet the cool and temperate wind of grace / O'erblows the filthy and contagious clouds / Of heady murder, spoil and villany. / If not, why, in a moment look to see / The blind and bloody soldier with foul hand / Defile the locks of your shrill-shrieking daughters; / Your fathers taken by the silver beards, / And their most reverend heads dash'd to the walls, / Your naked infants spitted upon pikes, / Whiles the mad mothers with their howls confused / Do break the clouds, as did the wives of Jewry / At Herod's bloody-hunting slaughtermen. / What say you? will you yield, and this avoid, / Or, guilty in defence, be thus destroy'd? » En vidéo : QR code n° 70.

En français (traduction de François-Victor Hugo, 1873) : «Qu'a résolu enfin le gouverneur de la ville ? / Voilà le dernier pourparler que nous admettrons. / Ainsi, abandonnez-vous à notre suprême merci ; / ou, en hommes fiers de périr, / provoquez notre fureur extrême ! Car, foi de soldat, / (c'est le titre qui, dans ma pensée, me sied le mieux), / si je rouvre la batterie, / je ne quitterai pas votre Harfleur à demi ruinée, / qu'elle ne soit ensevelie sous ses cendres. / Les portes de la pitié seront toutes closes ; / et le soldat acharné, rude et dur de cœur, / se démènera dans la liberté de son bras sanguinaire / avec une confiance large comme l'enfer, fauchant comme l'herbe / vos vierges fraîches écloses et vos enfants épanouis ! / Eh ! que m'importe, à moi, si la guerre impie, / vêtue de flammes comme le prince des démons, / commet d'un front noirci tous les actes hideux / inséparables du pillage et de la dévastation ! / Que m'importe, quand vous-mêmes en êtes cause, / si vos filles pures tombent sous la main / du viol ardent et forcené ! / Quelles rênes pourraient retenir la perverse licence, / lorsqu'elle descend la pente de sa terrible carrière ? / Vainement nous signifierions nos ordres impuissants / aux soldats enragés de pillage : / autant envoyer au Léviathan l'injonction / de venir à terre ! Ainsi, hommes d'Harfleur, / prenez pitié de votre ville et de vos gens, / tandis que mes soldats sont encore à mon commandement ; / tandis que le vent frais et tempéré de la charité / repousse les nuages impurs et contagieux / du meurtre opiniâtre, du pillage et du crime. Sinon, eh bien, attendez-vous dans un moment à voir / l'aveugle et sanglant soldat tordre d'une main hideuse, / malgré leurs cris perçants, la chevelure de vos filles ; / vos pères saisis par leur barbe d'argent, / et leurs têtes vénérables brisées contre les murs ; vos enfants nus embrochés sur des piques, / leurs mères affolées perçant les nuages / de leurs hurlements confus, comme autrefois les femmes de Judée / pendant la chasse sanglante des bourreaux d'Hérode (21) ! / Qu'en dites-vous ? / Voulez-vous vous rendre, et éviter tout cela, / ou, par une coupable défense, causer votre destruction ? » QR code n° 09.

[62] Lire fiche 05 page 24.

[63] Godstow est un hameau situé sur la Tamise à 2,5 kilomètres au nord d'Oxford, connu notamment pour les ruines de son abbaye datant du XIIe siècle.

[64] Robinson Duckworth (1834-1911) est un prêtre britannique.

[65] Lewis Carroll est le nom de plume de Charles Lutwidge Dodgson (1832-1898), mathématicien, photographe et écrivain britannique. Ses œuvres les plus connues sont *Les Aventures d'Alice au pays des merveilles* (1865) et sa suite *De l'autre côté du miroir* (1871).

[66] Les prouesses technologiques d'Apple, dans l'ordre chronologique : iMac (1998), iPod, iTunes, Apple Store (2001), iTunes Store (2003), iPhone (2007), iPad (2010).

[67] Steve Jobs (1955-2011) est le cofondateur de la société Apple (créée en 1976), à l'origine de plusieurs succès technologiques et commerciaux tels que l'iPhone (2007) et l'iPad (2010). Sa vie est évoquée dans les films *Jobs* (2013) de Joshua Michael Stern avec Ashton Kutcher, et *Steve Jobs* (2016) de Danny Boyle avec Michael Fassbender.

[68] « *Veni, vidi, vici.* » est une phrase latine qui signifie « Je suis venu, j'ai vu, j'ai vaincu. » Elle fut prononcée par Jules César dans son rapport au Sénat en 47 av. J.-C. après sa victoire éclair sur Pharnace II, roi du Pont (aujourd'hui en Turquie), à Zéla. La formule est utilisée de nos jours pour souligner une victoire rapide et éclatante.

[69] Le premier iPhone, l'iPhone 2G est commercialisé le 11 juin 2007. Le million d'exemplaires vendus est atteint après 74 jours seulement.

[70] Regarde la présentation du premier iPhone par Steve Jobs : QR code n° 41.

[71] Mahalia Jackson (1911-1972), surnommée « la reine du gospel », est une chanteuse américaine de gospel, militante des droits civiques aux côtés de Martin Luther King.

[72] Le 28 août 1963 a lieu la Marche sur Washington pour l'emploi et la liberté. Réunissant entre 200 000 et 300 000 personnes, elle commence au Washington Monument et se termine au Lincoln Memorial, où Martin Luther King fait son fameux discours « I Have a Dream ».

[73] Extrait de la Déclaration d'indépendance des États-Unis du 4 juillet 1776.

[74] Le Civil Rights Act est promulgué le 2 juillet 1964 par Lyndon B. Johnson, 36e président des États-Unis, mettant ainsi fin à toutes formes de ségrégations.

Le 4 août 1965, le Voting Rights Act accorde le droit de vote aux Afro-Américains.

[75] À l'inverse, l'épiphore est la répétition d'un mot ou d'un groupe de mots à la fin des membres d'une phrase ou à la fin de plusieurs phrases successives. Dans la famille des figures de répétition, on trouve aussi l'épanadiplose qui consiste en la reprise, à la fin d'une proposition, du même mot ou groupe de mots que celui situé en début de la proposition précédente.

[76] Martin Luther King Jr. (1929-1968) est un pasteur baptiste et militant non-violent afro-américain pour le mouvement des droits civiques. Il reçoit le prix Nobel de la paix en 1964. Il meurt assassiné le 4 avril 1968 à Memphis (Tennessee). Sa vie est évoquée dans le documentaire biographique *King : de Montgomery à Memphis* (1999) de Sidney Lumet et Joseph L. Mankiewicz, et dans les films *Selma* (2015) d'Ava DuVernay avec David Oyelowo et *Bayard Rustin* (2023) de George C. Wolfe avec Aml Ameen dans le rôle du pasteur.

[77] Le procédé de la maïeutique, dont l'invention est attribuée à Socrate, est largement illustré dans *Théétète* de Platon (370-358 av. J.-C.). Dans ce dialogue, Socrate et le jeune Théétète d'Athènes, mathématicien, discutent de la définition de la science.

[78] Maïa est l'aînée des Pléiades, les sept filles du Titan Atlas et de l'Océanide Pléioné. Elle est la mère d'Hermès qu'elle a eu avec Zeus. Son nom, qui signifie « petite mère », est donné traditionnellement à la grand-mère, à la nourrice ou à la sage-femme. En tant que nourrice, Maïa a élevé Arcas, fils de Zeus et Callisto. Maïa ne doit pas être confondue avec Maia, la déesse romaine de la fertilité et du printemps, qui a donné son nom au mois de mai.

[79] Socrate (v.470-399 av. J.-C.) est un philosophe grec. Il commence à enseigner vers -435, gratuitement. Il parcourt les rues d'Athènes vêtu simplement et pieds nus, engageant le dialogue avec tous ceux qu'il rencontre, et surtout questionnant. Socrate n'a laissé aucun écrit ; sa pensée nous a été transmise principalement par ses disciples Platon (v.428-v.347 av. J.-C.) et Xénophon (v.430-v.355 av. J.-C.). La vie de Socrate est racontée dans le film *Socrate* (1971) de Roberto Rossellini avec Jean Sylvère.

[80] Platon, *Ménon*, Flammarion, 1999. Dans ce dialogue, Socrate et Ménon, un aristocrate admirateur et ami du rhéteur Gorgias, tentent de répondre à la question de savoir si la vertu peut s'enseigner.

[81] Platon (v.428-v.348 av. J.-C.) est un philosophe grec disciple de Socrate dont il propage la pensée dans nombre de ses ouvrages. Ses écrits sont presque exclusivement constitués de dialogues ; on en compte une trentaine.

[82] Le théorème de Pythagore doit son nom au philosophe grec Pythagore de Samos. Il s'énonce comme suit : « Dans un triangle rectangle, le carré de la longueur de l'hypoténuse (côté opposé à l'angle droit) est égal à la somme des carrés des longueurs des deux autres côtés. » Autrement dit, soit un triangle rectangle de côtés a, b et c, c étant l'hypoténuse, alors $a^2 + b^2 = c^2$. Une mention de ce théorème sur une tablette babylonienne rédigée vers 1 800 av. J.-C. (référence Plimpton 322) indique qu'il était connu bien avant Pythagore.

[83] Pythagore (v.580-v.495 av. J.-C.) est un philosophe et mathématicien grec. Dans les *Tusculanes* (45 av. J.-C.), Cicéron (106-43 av. J.-C.) raconte que Pythagore est le premier penseur à revendiquer la qualité de philosophe, qui signifie « ami de la sagesse ».

[84] Né à Athènes, Démosthène (384-322 av. J.-C.), qui est d'abord disciple de Platon, est considéré comme l'un des plus grands orateurs de l'Antiquité. Lors de son premier discours, il est copieusement raillé : « Il fut en butte aux clameurs et aux moqueries à cause de son style insolite, dont on jugeait les pé-

riodes tarabiscotées et les raisonnements poussés avec trop de rigueur et forcés à l'extrême. Il avait d'ailleurs, semble-t-il, une voix faible, une élocution confuse et un souffle court, qui rendaient difficile à saisir le sens de ses paroles, obligé qu'il était de morceler ses périodes. » Plutarque, *Vie de Démosthène*, 9.

85 Le théâtre de Dionysos, situé sur l'acropole d'Athènes, est considéré comme le premier théâtre au monde. Dionysos, fils de Zeus, est le dieu du vin dans la religion grecque antique. Lors des Dionysies, grandes fêtes de printemps en son honneur, des représentations théâtrales étaient données.

86 Thespis d'Icare (VIe siècle av. J.-C.) est considéré comme le premier acteur et l'inventeur de la tragédie grecque. Avant d'utiliser le masque, il invente le maquillage de scène. Avec sa troupe, Thespis part souvent en tournée en chariot. Ainsi, l'expression « monter sur le chariot de Thespis » signifie « embrasser la carrière d'acteur ».

87 Plus tard, avec l'ajout d'autres acteurs, les masques, de morphologies différentes, serviront à identifier les divers personnages, plusieurs étant généralement joués par le même acteur.

88 Apollonius Molon (Ier siècle av. J.-C.) est un rhéteur grec renommé qui a comme disciples d'illustres orateurs parmi lesquels Jules César lui-même. Stoïcien, il est ambassadeur à Rome en 82 av. J.-C.

89 *Les Philippiques* sont une série de discours prononcés par Démosthène entre 351 et 341 contre Philippe II, roi de Macédoine, et sa volonté de soumettre Athènes.

90 En 44 et 43 av. J.-C., Cicéron prononcera une série de quatorze discours contre Marc Antoine (83-30 av. J.-C.) qui se voulait successeur de Jules César (100-44 av. J.-C.). Il les nommera aussi les *Philippiques* en hommage à Démosthène, pour qui il avait une grande admiration.

91 Marcus Tullius Cicero, dit Cicéron (106-43 av. J.-C.), avocat, philosophe et homme d'État romain, est l'un des plus brillants orateurs de son temps. Il est nommé consul en 63. Il nous a laissé de précieux ouvrages sur la rhétorique qui inspirèrent le rhéteur et pédagogue romain Quintilien (35-96 apr. J.-C.) et qui font encore autorité aujourd'hui. Cicéron est incarné dans la pièce de théâtre *Jules César* (1623) de William Shakespeare, dans le film *Jules César* (1953) de Joseph L. Mankiewicz avec Marlon Brando dans le rôle de Marc-Antoine et Alan Napier dans celui de Cicéron, et dans le film *Gladiator* (2000) de Ridley Scott avec Russell Crowe dans le rôle de Maximus et Tommy Flanagan dans celui de Cicéron.

92 En français, « boîte à rythmes humaine ».

93 Le chant diphonique est une technique vocale permettant à une personne de produire simultanément deux notes différentes.

94 Le *konnakol* est une technique de percussion vocale de tradition carnatique originaire de l'Inde du Sud et basée sur des syllabes rythmiques définies.

95 Le *kouji* (口技, « talent de la bouche ») est un art chinois combinant narration, comédie, chant et imitations vocales de sons de la vie quotidienne.

96 Le scat est une forme de jazz vocal improvisé reposant sur des onomatopées rythmiques et harmonieuses. Louis Armstrong (1901-1971) et Ella Fitzgerald (1917-1996) en sont les pionniers. Louis : QR code n° 03. Ella : QR code n° 23.

97 Robert McFerrin Jr. (1950-), dit Bobby McFerrin, est un chanteur et chef d'orchestre américain. Ses spectacles sont majoritairement improvisés. Il fait souvent chanter au public des accords sur lesquels il improvise.

[98] « Don't Worry, Be Happy » est le premier morceau de l'album *Simple Pleasures*, sorti en 1988. Tous les instruments du morceau sont réalisés à la voix par Bobby MCFerrin grâce à la technique du *overdubbing*. Le chanteur avait déjà séduit le public en 1984 avec l'album *The Voice*, enregistré *a cappella* et en *live*. Version studio : QR code n° 64. En *live* : QR code n° 63.

[99] Sir James Gordon Reece (1929-2001) est un journaliste et producteur de télévision. Il devient le conseiller en communication de Margaret Thatcher à partir de 1975.

[100] Margaret Thatcher (1925-2013) est une femme d'État britannique, chef du Parti conservateur de 1975 à 1990, Première ministre du Royaume-Uni du 4 mai 1979 au 28 novembre 1990. Sa vie est évoquée dans le film *La Dame de fer* (2011) de Phyllida Lloyd avec Meryl Streep.

[101] Aquascutum est une marque de vêtements de luxe fondée en 1851. L'enseigne a habillé, entre autres, le roi Édouard VII, Winston Churchill, Humphrey Bogart, Lauren Bacall, Sophia Loren, Cary Grant, Sean Connery et puis, bien sûr… Madame Thatcher.

[102] Le 10 Downing Street est l'adresse de la résidence officielle et du bureau du Premier ministre du Royaume-Uni.

[103] Le surnom de « Dame de fer » a été donné à Margaret Thatcher en 1976 par le journal *L'Étoile rouge*, organe de communication de l'armée soviétique. La femme politique l'a d'emblée adopté fièrement.

[104] Le terme Oxbridge est un mot-valise désignant l'ensemble conceptuel formé par les deux universités d'Oxford et Cambridge, les deux plus anciennes universités du Royaume-Uni. L'accent Oxbridge caractérise les anciens élèves de ces universités et donne de ceux qui le possèdent une image de compétence et de crédibilité dans les médias audiovisuels.

[105] Le Salon Vert est l'un des trois salons d'apparat du 10 Downing Street. Son nom change en fonction de la couleur de la peinture. À l'arrivée de Margaret Thatcher, il s'agissait du Salon Bleu ; elle l'a fait redécorer et rebaptisé Salon Vert. Il est aujourd'hui peint en terre cuite et connu sous le nom de Salon Terracotta.

[106] Sir Laurence Olivier (1907-1989) est un comédien shakespearien, metteur en scène, réalisateur et scénariste britannique. En 1948, il obtient l'Oscar du meilleur acteur et du meilleur film pour *Hamlet*. Il dirige le National Theatre de 1962 à 1973.

[107] Écoute la différence entre deux époques de Margaret Thatcher : QR code n° 87.

[108] Max Atkinson, *Our Masters'Voices*, Routledge, 1984.

[109] Alice Zoghaib, « Persuasion vocale : les effets des caractéristiques vocales et du genre de l'orateur sur les réponses du consommateur », *Recherche et Applications en Marketing*, avril 2019, p. 34.

[110] J. J. Ohala, « An ethological perspective on common cross-language utilization of F0 of voice », *Phonetica*, 1984, p. 1-16.

[111] Miron Zuckerman et Robert E. Drive, « What sounds beautiful is good: The vocal attractiveness stereotype », *Journal of Nonverbal Behavior*, 1989, p. 67-82.

[112] Rosario Signorello, « La Voix Charismatique Aspects Psychologiques et Caractéristiques Acoustiques », *Thèse de Doctorat, Université de Grenoble*, 2014.

[113] Barry White (1944-2003), de son vrai nom Barrence Eugene Carter, est un chanteur, compositeur et producteur américain de *rhythm and blues* et de *soul*.

Surnommé le « Maestro de l'Amour », il connaît le succès à partir de 1973. Séquence nostalgie : QR code n° 95.

[114] Pour la rédaction de ce discours, par lequel il tient à marquer fortement les esprits, Jacques Chirac s'entoure d'une équipe solide. Il bénéficie notamment des conseils de l'écologiste Nicolas Hulot dont il est très proche. Mais la première phrase, en forme de *punchline*, est à mettre au crédit de Jean-Paul Deléage, professeur d'histoire de l'écologie et fondateur de la revue *Écologie & Politique*, à qui le président demande de relire la première ébauche.

[115] Jacques Chirac (1932-2019) est un haut fonctionnaire et homme d'État français. Il est notamment maire de Paris de 1977 à 1995, Premier ministre de 1974 à 1976, puis de 1986 à 1988, et président de la République de 1995 à 2007. Son personnage est présent dans le film *La Conquête* (2011) de Xavier Durringer avec Denis Podalydès dans le rôle de Nicolas Sarkozy et Bernard Le Coq dans celui de Jacques Chirac, et dans le film *Bernadette* (2023) de Léa Domenach avec Catherine Deneuve dans le rôle de Bernadette Chirac et Michel Vuillermoz dans celui de Jacques Chirac.

[116] Le IVe Sommet de la Terre, aussi appelé Sommet mondial sur le développement durable se tient du 26 août au 4 septembre 2002, à Johannesburg en Afrique du Sud. Organisé par les Nations Unies, l'événement réunit plus de cent chefs d'État et environ 60 000 personnes (ONG, journalistes, etc.).

[117] Voir note n° 155.

[118] Lis le discours intégral de Jacque Chirac à Johannesburg en 2002 : QR code n° 13. Ou regarde un extrait : QR code n° 12.

[119] Tous les chiffres proviennent de : Rist Colas, « 200 mots à la minute : le débit oral des médias », *Communication et langages*, n°119, 1999, p. 66-75.

[120] La Bataille de Gettysburg, qui se déroule du 1er au 3 juillet 1863, est l'un des épisodes les plus sanglants de la Guerre de Sécession (du 12 avril 1861 au 9 avril 1865).

[121] Edward Everett (1794-1865) est un politicien et pasteur américain : membre de la Chambre des représentants (1825-1835), gouverneur du Massachusetts (1836-1840), secrétaire d'État (1852-1853), sénateur (1853-1854).

[122] Périclès (495-429 av. J.-C.) est un homme d'État athénien. Il dirige l'empire athénien de 461 av. J.-C. jusqu'à sa mort.

[123] La première Guerre du Péloponnèse, durant laquelle Périclès prononce sa célèbre oraison funèbre, se déroule approximativement de 460 à 445 av. J.-C. Elle oppose la ligue du Péloponnèse, menée par Sparte, à la ligue de Délos, dirigée par Athènes.

[124] « Notre constitution politique n'a rien à envier aux lois qui régissent nos voisins ; loin d'imiter les autres, nous donnons l'exemple à suivre. Du fait que l'État, chez nous, est administré dans l'intérêt de la masse et non d'une minorité, notre régime a pris le nom de démocratie [...] Mais plutôt, ayez chaque jour sous les yeux la puissance de la cité ; servez-la avec passion [...] » Oraison funèbre de Périclès rapportée par Thucydide (360-495 av. J.-C.) dans *La Guerre du Péloponnèse* (livre II, 35-46). Pour lire le texte intégral : QR code n° 72. Pour en écouter la lecture : QR code n° 71.

[125] Abraham Lincoln (1809-1865) est le seizième président des États-Unis et le premier président républicain, élu à deux reprises, en 1860 et en 1864. Il fait ratifier le XIIIe amendement de la Constitution qui abolit l'esclavage et meurt assassiné à la suite d'un complot sudiste. Sa vie est évoquée, entre autres, dans les films : *Abraham Lincoln* (1930) de D. W. Griffith avec Walter Huston,

Vers sa destinée (1939) de John Ford avec Henry Fonda, *Abraham Lincoln* (1940) de John Cromwell avec Raymond Massey, et *Lincoln* (2012) de Steven Spielberg avec Daniel Day-Lewis.

[126] Tout de marbre blanc, le Lincoln Memorial est un monument érigé en l'honneur du président Abraham Lincoln dans le West Potomac Park à Washington, et inauguré en 1922. C'est à cet endroit que Martin Luther King prononce son célèbre discours *I Have a Dream* le 28 août 1963.

[127] Pour lire la version originale, en américain, du discours de Gettysburg : QR code n° 59. Pour la traduction française : QR code n° 60.

[128] Sir Winston Churchill (1874-1965) est un homme d'État et écrivain britannique. Membre du Parti conservateur, il est Premier ministre du Royaume-Uni de mai 1940 à juillet 1945, puis d'octobre 1951 à avril 1955. Il est souvent cité parmi les plus remarquables orateurs du XXe siècle. En 1953, il reçoit le prix Nobel de littérature « pour sa maîtrise de la description historique et biographique ainsi que pour ses discours brillants pour la défense des valeurs humaines ». Sa vie est évoquée dans les films *Churchill* (2017) de Jonathan Teplitzky avec Brian Cox, et *Les heures sombres* (2017) de Joe Wright avec Gary Oldman.

[129] « La démocratie, ce n'est pas un caucus qui obtient un mandat fixe par des promesses et qui fait ensuite ce qu'il veut avec le peuple. Nous pensons qu'il doit y avoir une relation constante entre les dirigeants et le peuple. Le "gouvernement du peuple, par le peuple, pour le peuple" reste la définition souveraine de la démocratie. » Winston Churchill, *discours à la Chambre des communes*, 11 novembre 1947. Pour lire le discours en version originale : QR code n° 15.

[130] Article 2 de la Constitution de la Cinquième République française : « La langue de la République est le français. L'emblème national est le drapeau tricolore, bleu, blanc, rouge. L'hymne national est La Marseillaise. La devise de la République est Liberté, Égalité, Fraternité. Son principe est : gouvernement du peuple, par le peuple et pour le peuple. »

[131] La Constitution française du 4 octobre 1958 est la constitution de la Cinquième République actuellement en vigueur. Le général de Gaulle, président de la République, et Michel Debré, ministre de la Justice, en sont à l'origine.

[132] Matsuo Bashō, 松尾 芭蕉 (1644-1694) : poète japonais auteur d'environ 2 000 haïkus, l'un des trois grands maîtres du haïku classique.

[133] Yosa Buson, 与謝 蕪村 (1716-1783) : poète et peintre japonais auteur d'environ 3 000 haïkus, l'un des trois grands maîtres du haïku classique.

[134] Kobayashi Issa, 小林 一茶 (1763-1828) : poète japonais auteur d'environ 20 000 haïkus, l'un des trois grands maîtres du haïku classique.

[135] Durant la campagne présidentielle de 1984, deux débats de 90 minutes chacun sont organisés entre les deux candidats. Le premier se tient le 7 octobre à Louisville (Kentucky) et porte sur les questions économiques et sociales ainsi que sur l'éducation et la santé. Dans le second, les prétendants à la magistrature suprême abordent la défense et la politique étrangère.

[136] Ronald Wilson Reagan (1911-2004) est un acteur et homme d'État américain. Membre du Parti républicain, il est le 40e président des États-Unis, en fonction 1981 à 1989. Sa vie est évoquée dans le film *Reagan* (2023) de Sean McNamara avec Dennis Quaid.

[137] Walter Mondale (1928-2021) est un homme d'État américain. Membre du Parti démocrate, il est vice-président des États-Unis de 1977 à 1981 sous la présidence de Jimmy Carter (1924-).

[138] Henry Lane Trewhitt (1927-2003) est un écrivain et journaliste américain. À l'époque du débat présidentiel de 1984, il est correspondant diplomatique pour le *Baltimore Sun*.

[139] *The Baltimore Sun* est un journal de la ville de Baltimore, dans l'État du Maryland aux États-Unis, fondé le 17 mai 1837.

[140] En présence d'un modérateur, les deux candidats répondent à tour de rôle aux questions d'un panel de quatre journalistes, trois hommes et une femme.

[141] Regarde ce passage mythique du second débat présidentiel Reagan/Mondale : QR code n° 79.

[142] Le journaliste David S. Broder (1929-2011) écrira le lendemain dans le *Washington Post* : « Il se pourrait bien que le plus grand obstacle à la réélection de Reagan ait été balayé à ce moment-là. » La réplique de Ronald Reagan est, depuis, saluée comme un coup de maître.

[143] Walter Mondale déclarera plus tard qu'effectivement, à ce moment-là, la course était terminée.

[144] Cette citation n'a malheureusement pas pu être authentifiée.

[145] La prétérition est une figure de rhétorique par laquelle on attire l'attention sur un objet en prétendant ne pas en parler. Ronald Reagan prétend renoncer à « exploiter, à des fins politiques, la jeunesse et l'inexpérience de [son] adversaire », alors qu'en réalité, c'est exactement ce qu'il fait.

[146] Ronald Reagan sera réélu le 6 novembre 1984 à une écrasante majorité, remportant 49 États sur 50. Seul lui échappe le Minnesota natal de Walter Mondale qui en a été le sénateur de 1964 à 1976.

[147] Ban Ki-moon, né en 1944, est un diplomate et homme politique sud-coréen. Il succède à Kofi Annan (1938-2018) comme huitième secrétaire général des Nations Unies, effectuant deux mandats successifs de 2007 à 2016.

[148] Le 12 juillet 2013, pour les 16 ans de la jeune fille, l'ONU organise le Malala Day afin de promouvoir l'éducation dans le monde et en particulier l'éducation des filles.

[149] L'attentat est revendiqué par le Tehrik-e-Taliban Pakistan (Mouvement des Talibans du Pakistan), la principale mouvance des talibans pakistanais.

[150] Saidu Sharif est une ville de 65 000 habitants située dans le nord du Pakistan.

[151] Peshawar est une ville d'environ deux millions d'habitants située dans le nord du Pakistan, la sixième plus grande ville du pays.

[152] Rawalpindi est une ville de plus de deux millions d'habitants située dans la province du Pendjab au Pakistan. C'est la troisième plus grande ville du pays après Karachi et Lahore.

[153] Les talibans sont des fondamentalistes islamistes regroupés dans une organisation militaire politique et religieuse dénommée Mouvement islamique des talibans, au pouvoir en Afghanistan entre 1996 et 2001 et depuis 2021. Les talibans sont également présents dans le nord-ouest du Pakistan en conflit armé avec les autorités pakistanaises. Les talibans prônent un respect strict et littéral de l'islam. Parmi les interdits : les médias, l'art, le sport, les jeux, l'enseignement secondaire pour les filles, le travail pour les femmes, etc. Leur organisation, qui compte 60 000 membres, est considérée comme terroriste par l'ONU.

[154] Voir note n° 94.

[155] Nelson Rolihlahla Mandela (1918-1918), « Madiba », de son nom tribal, est un homme d'État sud-africain. Il lutte contre l'apartheid à partir de 1943. Condamné aux travaux forcés à perpétuité en 1962, il est libéré en 1990. En 1994, Nelson Mandela devient le premier président noir de la République d'Afrique du Sud. Il occupe le poste jusqu'en 1999. Il reçoit le prix Nobel de la paix en 1993. Sa vie est évoquée dans les films *Mandela and de Klerk* (1997) de Joseph Sargent avec Sidney Poitier, *Goodbye Bafana* (2007) de Bille August avec Dennis Haysbert, *Invictus* (2010) de Clint Eastwood avec Morgan Freeman, *Mandela : Un long chemin vers la liberté* (2013) de Justin Chadwick avec Idris Elba.

[156] Muhammad Ali Jinnahn (1876-1948) est un avocat et homme politique reconnu comme le fondateur du Pakistan. À l'indépendance, le 14 août 1947, il devient le premier gouverneur général du pays.

[157] Mohandas Karamchand Gandhi (1869-1948), avocat de formation, est un dirigeant politique indien, guide spirituel et leader du mouvement pour l'indépendance de l'Inde. Il est communément connu sous le nom Mahatma Gandhi (du sanskrit *mahātmā*, « grande âme »), ou simplement Gandhi, Gandhiji ou Bapu (« père »). Il est le pionnier du *satyāgraha*, la résistance à l'oppression par la désobéissance civile de masse, fondée sur l'*ahiṃsā* (« non-violence »). Son action a notamment inspiré Martin Luther King dans sa lutte pour les droits civiques. Bien que proposé en 1937, 1938, 1939, 1947 et 1948, Gandhi n'a jamais reçu le prix Nobel de la paix.

[158] Khan Abdul Ghaffar Khan (1890-1988), également connu sous le nom de Bādshāh Khān ou Bāchā Khān, est un activiste indépendantiste afghan contre la domination coloniale britannique en Inde. Pieux musulman, il mène une lutte non-violente contre la partition de l'Inde. Il vit ensuite au Pakistan nouvellement créé.

[159] Anjezë Gonxhe Bojaxhiu (1910-1997), Mère Teresa en religion, canonisée par l'Église catholique comme sainte Teresa de Calcutta en 2016, est une religieuse catholique albanaise naturalisée indienne, missionnaire en Inde. Elle est surtout connue pour son action caritative en faveur des lépreux de Calcutta (Inde). Elle reçoit le prix Nobel de la paix en 1979.

[160] À partir de 2009, alors qu'elle n'a que 11 ans, la petite Malala témoigne de son quotidien sur son blog intitulé *Journal d'une écolière pakistanaise*. Elle y dénonce les violences du Tehrik-e-Taliban Pakistan qui incendie les écoles pour filles et assassine ses opposants. Pour cette raison, elle devient la cible de cette organisation terroriste.

[161] Malala Yousafzai est une militante pakistanaise en faveur des droits des femmes, née le 12 juillet 1997. Elle lutte contre les talibans pour la scolarisation des filles.

[162] Écoute le discours émouvant et engagé de Malala : QR code n° 97.

[163] Le concept d'ethos nous vient de la Grèce antique. Le mot ἦθος (ethos) signifie « caractère » ou « coutume ». Il est à rapprocher du comportement. Aux côtés du logos (la raison) et du pathos (l'émotion), l'ethos est l'un des trois piliers de la persuasion identifiés par Aristote.

[164] Le magazine *Time* classe Malala Yousafzai parmi les cent personnes les plus influentes au monde.

[165] L'ethos de Malala est encore renforcé par une liste de distinctions impressionnante pour une jeune femme de son âge (26 ans aujourd'hui) :
– 2011 (14 ans) : Prix national de la jeunesse pour la paix (Pakistan).
– 2012 (15 ans) : Prix Simone de Beauvoir pour la liberté des femmes.
– 2013 (16 ans) : Prix Sakharov par le Parlement européen.
– 2013 : Prix Ambassadeur de la conscience par Amnesty International.

– 2013 : Prix des droits de l'homme des Nations unies
– 2013 : Prix Anna-Politkovskaïa.
– 2014 (17 ans) : Prix Nobel de la paix. Plus jeune lauréate de l'histoire.
– 2017 (20 ans) : nommée Messager de la paix par les Nations unies.
– 2020 (23 ans) : diplômée d'Oxford.

[166] Le terme « *street cred* » est la forme abrégée et courante de « *street credibility* », en français « crédibilité de la rue ».

[167] Donald Clarence Simpson (1943-1996) est un acteur et producteur américain. En 1985 et en 1988, il est nommé, avec son associé Jerry Bruckheimer, producteur de l'année. On leur doit, entre autres : *Flashdance* (1983) d'Adrian Lyne, *Le Flic de Beverly Hills* (1984) de Martin Brest, *Top Gun* (1986) de Tony Scott, etc. Don Simpson est retrouvé mort à son domicile après avoir succombé à une overdose de drogue.

[168] Une version édulcorée de ces propos de Don Simpson est citée le 12 mars 1999 dans un article de *The Guardian* intitulé « Son of a Pitch » : « La quête de l'argent est la seule raison de faire des films. Nous n'avons aucune obligation de créer une histoire. Nous n'avons aucune obligation de faire de l'art... Notre obligation est de gagner de l'argent, et pour gagner de l'argent, il peut être nécessaire de créer une histoire, de faire de l'art ou de faire une déclaration importante. »

[169] Jerry Bruckheimer, de son nom complet Jerome Leon Bruckheimer, né en 1943, est un producteur de télévision et de cinéma américain. Il est, avec George Lucas, Steven Spielberg et James Cameron, l'un des principaux producteurs indépendants de Hollywood.

[170] L'*Odyssée* est une épopée grecque antique composée par Homère après l'*Iliade*, vers la fin du VIIIe siècle av. J.-C. Elle est considérée, avec l'*Iliade*, comme l'un des deux poèmes fondateurs de la culture grecque antique et comme l'un des plus grands chefs-d'œuvre de la littérature mondiale.

[171] Homère est un poète grec de la fin du VIIIe siècle av. J.-C., auteur de deux œuvres majeures : l'*Illiade* et l'*Odyssée*.

[172] Poséidon (Neptune, chez les Romains) est le dieu de la mer, des océans et des sources dans la religion grecque antique.

[173] *La Tour infernale* (*The Towering Inferno*) est un film catastrophe américain réalisé par John Guillermin et Irwin Allen, sorti en 1974, avec Paul Newman, Steve McQueen et Faye Dunaway. Le *pitch* : un pompier tente de sauver les 300 invités réunis, pour son inauguration, au 133e étage du gratte-ciel le plus haut du monde en proie à un incendie.

[174] Dorothy Parker, née Rothschild (1893-1967) est une poétesse, critique littéraire et scénariste américaine.

[175] John Calvin Coolidge Jr. (1872-1933) est un homme d'État américain, 30e président des États-Unis en fonction du 2 août 1923 au 4 mars 1929.

[176] Grace Anna Goodhue Coolidge (1879-1957) épouse Calvin Coolidge en 1905.

[177] La formule est de l'écrivaine Stacy A. Cordery qui disait de Calvin Coolidge : « Lorsqu'il souhaitait être ailleurs, il faisait la moue, croisait les bras et ne disait plus rien. Il ressemblait à quelqu'un que l'on forcerait à manger des cornichons au vinaigre. », Stacy A. Cordery, *Alice*, Penguin Books, 2008.

[178] Robert Sobel, *Coolidge : An American Enigma*, Regnery Publishing, 1998.

[179] Edwin « Buzz » Aldrin, né Edwin Eugene Aldrin Jr. en 1930, est un militaire, pilote d'essai, astronaute et ingénieur américain. Il effectue trois sorties dans l'espace en tant que pilote de la mission Gemini 12 de 1966, puis, en tant que

pilote du module lunaire Eagle de la mission Apollo 11 de 1969. Il est le deuxième être humain, après Neil Armstrong, à marcher sur la Lune.

[180] Neil Alden Armstrong (1930-2012) est un astronaute américain, pilote d'essai, aviateur de la United States Navy et professeur. Il est le premier homme à avoir posé le pied sur la Lune dans le cadre de la mission Apollo 11.

[181] La première sortie lunaire sera diffusée en direct sur les télévisions et les radios du monde entier. On estime à 600 millions le nombre de personnes qui ont suivi le premier pas sur la Lune, soit 16,5 % de la population mondiale (3,6 milliards d'humains à l'époque).

[182] Apollo 11 est une mission du programme spatial américain Apollo au cours de laquelle, pour la première fois, des hommes se sont posés sur la Lune. John Kennedy avait lancé le programme spatial américain le 25 mai 1961 dans un discours devant le Congrès, promettant de marcher sur la Lune avant la fin de la décennie (QR code n° 48). Il confirme sa volonté à la nation le 12 septembre 1962 (QR code n° 50).

[183] Voir note n° 240.

[184] Neil Armstrong effectue le premier pas sur la Lune le lundi 21 juillet 1969 à 2 h 56 min 20 s UTC (3 h 56 min 20 s heure française) 6 h 41 après l'atterrissage (le temps d'exécuter différents tests et de s'équiper).

[185] La phrase en anglais est : « *That's one small step for [a] man, one giant leap for mankind.* » : QR code n° 04.

[186] Une polémique naît quelque temps plus tard pour savoir si Neil Armstrong a dit « *That's one small step for man...* », ce qui n'a pas de sens (« *man* » sans article est synonyme de « *mankind* », « humanité »), mais que tout le monde a entendu, ou « *That's one small step for a man...* », plus logique. S'agit-il d'un défaut de transmission ? Armstrong a-t-il mal articulé ? Ou bien, est-ce son accent qui lui fait mâcher les mots ? Une analyse numérique a récemment tranché : le « a » a bien été prononcé, mais des parasites l'ont masqué.

[187] Dolores Ibárruri Gómez (1895-1989), surnommée La Pasionaria, est une femme politique basque espagnole. Elle est secrétaire générale du Parti communiste espagnol (PCE) entre 1942 et 1960, puis présidente de ce parti entre 1960 et 1989.

[188] Voir note n° 328.

[189] Voir note n° 319.

[190] « *¡No pasarán!* », signifie « Ils ne passeront pas ! » en espagnol. Dolores Ibárruri prononce ces mots au moment où éclate la guerre civile espagnole, dans un discours du 19 juillet 1936 depuis le balcon du ministère de l'Intérieur, pour s'opposer à l'offensive franquiste contre Madrid. Texte : QR code n° 39.

[191] Le 25 août 1944, jour de la Libération de Paris, le général de Gaulle improvise un discours sur le parvis de l'Hôtel de Ville. Audio : QR code n° 28. Texte : QR code n° 29. Vidéo (extrait) : QR code n° 27

[192] Le 26 juin 1963, le président John Kennedy donne un discours au pied du mur de Berlin. QR code n° 55.

[193] Le mot *punchline* vient de l'anglais *punch*, coup de poing, et *line*, réplique.

[194] John Fitzgerald Kennedy (1917-1963), souvent appelé par ses initiales JFK, est un homme d'État américain, 35e président des États-Unis du 20 janvier 1961 à sa mort. Membre du Parti démocrate, il est le premier président américain de confession catholique. Il meurt assassiné le 22 novembre 1963 à Dallas (Texas). Son assassinat est évoqué dans le film *JFK* (1991) d'Oliver Stone.

[195] Lyndon Baines Johnson (1908-1973), connu sous ses initiales LBJ, est un homme d'État américain, 36e président des États-Unis de 1963 à 1969, après avoir été vice-président sous la présidence démocrate de John F. Kennedy. Sa vie est évoquée dans le film *LBJ* (2016) de Rob Reiner avec Woody Harrelson dans le rôle-titre et Jeffrey Donovan dans celui de John F. Kennedy.

[196] Voir note n° 314.

[197] Écoute le discours d'investiture de John F. Kennedy : QR code n° 45. Pour la version texte bilingue : QR code n° 46.

[198] Offerte par son ami, l'homme d'affaires Grant Stockdale (1915-1963), qui sera ambassadeur en Irlande de 1961 à 1962, la montre suisse Omega Slimline de JFK porte, gravée au dos, la mention : « President of the United States John F. Kennedy from his friend Grant ». Rien de surprenant. Sauf que la gravure a été réalisée avant les élections présidentielles. Une phrase prémonitoire et un président en avance sur son temps. L'Omega Slimline de Kennedy est une montre ultra-fine rectangulaire en or jaune 18 carats, dotée d'un bracelet en cuir noir. La firme Oméga en fait l'acquisition aux enchères en 2005 à New York pour plus de 350 000 dollars. La montre du président est désormais exposée au musée Oméga de Bienne en Suisse, juste à côté – petit clin d'œil – de la première montre portée sur la Lune (Apollo 11, 21 juillet 1969) : une Omega Speedmaster.

[199] Nous pourrions aussi citer :

15 juillet 1960, à la Convention du Parti démocrate : « Mais je vous dis que nous sommes devant une Nouvelle Frontière [...], que nous le voulions ou non. Au-delà de cette frontière, s'étendent les domaines inexplorés de la science et de l'espace, des problèmes non résolus de paix et de guerre, des poches d'ignorance et de préjugés non encore réduites, et les questions laissées sans réponse de la pauvreté et des surplus. » QR code n° 44.

27 avril 1961, contre la propagande, devant l'association des éditeurs de la presse américaine : « Car nous sommes confrontés, dans le monde entier, à une conspiration monolithique et impitoyable qui compte principalement sur des moyens secrets pour étendre sa sphère d'influence par l'infiltration plutôt que l'invasion, la subversion plutôt que les élections, et l'intimidation au lieu du libre arbitre. » QR code n° 47.

25 mai 1961, devant le Congrès des États-Unis : « Je crois que notre nation devrait s'engager à envoyer un homme sur la Lune et le ramener sain et sauf sur Terre avant la fin de la décennie [...] Mais dans un sens très réel, ce ne sera pas un homme qui ira sur la Lune – si nous nous prononçons par l'affirmative, ce sera une nation entière. Car c'est en conjuguant nos efforts que nous l'y enverrons. » QR code n° 48.

12 septembre 1962, à l'Université Rice de Houston : « Nous avons choisi d'aller sur la Lune au cours de cette décennie et d'accomplir d'autres choses encore, non pas parce que c'est facile, mais justement parce que c'est difficile. » QR code n° 50.

11 juin 1963, sur les droits civiques : « Chaque citoyen américain devrait avoir le droit d'être traité comme il voudrait être traité, comme on voudrait que ses enfants soient traités [...] Cette nation, avec tous ses espoirs, ne sera jamais pleinement libre jusqu'à ce que tous ses citoyens soient libres [...] Ceux qui ne font rien invitent à la honte ainsi qu'à la violence. Ceux qui agissent avec audace reconnaissent le droit ainsi que la réalité. » QR code n° 54.

26 juin 1963, en visite à Berlin-Ouest : « Il y a 2 000 ans, la plus grande marque d'orgueil était de dire : *"Civis romanus sum."* ("Je suis citoyen romain."). Aujourd'hui, dans le monde libre, la plus grande marque d'orgueil est de dire : *"Ich bin ein Berliner."* [...] Tous les hommes libres, où qu'ils vivent, sont des citoyens de

Berlin. Par conséquent, en tant qu'homme libre, je suis fier de prononcer ces mots : *"Ich bin ein Berliner !"* » (« Je suis berlinois. ») QR code n° 55.

20 septembre 1963, devant l'Assemblée générale des Nations Unies : « L'espace ne pose aucun problème de souveraineté [...] Pourquoi, dès lors, le premier vol de l'homme vers la Lune donnerait-il lieu à une compétition entre les nations ? Pourquoi l'Union soviétique et les États-Unis, dans la préparation de telles expéditions, se trouveraient-ils engagés dans un immense double emploi portant sur les recherches, la construction et les dépenses ? Certainement, nous devrions explorer si les savants et les astronautes de nos deux pays – voire du monde entier – ne peuvent pas travailler de concert à la conquête de l'Espace en envoyant un jour sur la Lune, au cours de cette décennie, non pas les représentants d'une seule nation, mais les représentants de toute l'humanité. » QR code n° 52.

[200] Sur l'état de l'Union : QR code n° 49.

[201] Sur la crise de Cuba : QR code n° 51.

[202] Sur la paix dans le monde : QR code n° 53.

[203] Pour faire plier le Royaume-Uni, Hitler décide de faire bombarder les villes britanniques. L'opération commence le 7 septembre 1940, Londres étant une cible privilégiée.

[204] La Luftwaffe est le nom de la force aérienne nazie dirigée par Hermann Göring (1893-1946), son commandant en chef. En 1939, à la veille de la guerre, la Luftwaffe est l'aviation la plus puissante au monde avec 4 000 appareils.

[205] Dès le 1er septembre 1939, soit deux jours avant la déclaration de guerre, l'opération Pied Piper organise l'évacuation de civils vers les zones rurales et vers d'autres territoires de l'Empire britannique. Au cours de cette première vague, 1,5 million de personnes sont déplacées, dont 827 000 enfants scolarisés. D'autres vagues suivront. Durant le Blitz, Londres voit ainsi sa population réduite de 77 %.

[206] Voir note n° 288.

[207] Le *Blitz* (qui signifie en allemand « éclair ») désigne la campagne de bombardements menée par l'aviation allemande sur les principales villes britanniques du 7 septembre 1940 au 21 mai 1941. La vague du premier jour, constituée de 320 bombardiers et 600 chasseurs, se concentre sur Londres, faisant environ 500 morts et 1 137 blessés graves. L'opération fait au total 43 000 morts et 150 000 blessés civils.

[208] Le 11 octobre 1940, alors que Londres est la cible d'un bombardement intensif de la part de la Luftwaffe, la cathédrale Saint-Paul n'est touchée que par une seule bombe qui emporte un morceau de la toiture. La cathédrale Saint-Paul de Londres devient alors un symbole de la résistance londonienne.

[209] Voir note n° 506.

[210] Diffusée sur la BBC de 1922 à 1964, tous les jours de 17 h à 18 h, *Children's Hour* est une émission radiophonique récréative destinée aux enfants,

[211] Margaret Rose (1930-2002) est la sœur cadette de la reine Élisabeth II.

[212] Pour écouter le premier discours d'Élisabeth à 14 ans : QR code n° 18. Texte en anglais : QR code n° 19. Texte en français : QR code n° 20.

[213] André Comte-Sponville, né en 1952 à Paris, est un philosophe français.

[214] L'antithèse est une figure de rhétorique qui marque le contraste entre deux termes. L'oxymore est un cas particulier de l'antithèse qui associe, dans une même phrase, deux termes incompatibles, au moins en apparence.

[215] Baruch Spinoza (1632-1677) est un philosophe néerlandais. Il est l'un des principaux représentants du rationalisme.

[216] Voir note n° 81.

[217] Arthur Schopenhauer (1788-1860) est un philosophe allemand. Sa philosophie est inspirée de Platon, d'Emmanuel Kant (1724-1804) et des textes sacrés indiens.

[218] Écoute la conférence d'André Comte-Sponville à Genève le 21 janvier 2016 : QR code n° 16.

[219] Kheira Bettayeb, « Les bienfaits démontrés du rire », *Top Santé*, 7 septembre 2021.

[220] Rhona Martin-Smith, Ashley Cox, Duncan S. Buchan et Julien S. Baker, « High Intensity Interval Training (HIIT) Improves Cardiorespiratory Fitness (CRF) in Healthy, Overweight and Obese Adolescents: A Systematic Review and Meta-Analysis of Controlled Studies », *International Journal of Environmental Research and Public Health*, vol. 17, n° 8, janvier 2020, p. 2955.

[221] Florie Maillard, Bruno Pereira et Nathalie Boisseau, « Effect of High-Intensity Interval Training on Total, Abdominal and Visceral Fat Mass: A Meta-Analysis », *Sports Medicine*, vol. 48, n° 2, 01.02.2018, p. 269-288.

[222] L'Invincible Armada, en espagnol *Grande y Felicísima Armada* (« La grande et très heureuse flotte »), est le nom traditionnel de la flotte espagnole armée en 1588 par le roi Philippe II (1527-1598) dans le but d'envahir l'Angleterre, au cours de la guerre anglo-espagnole (1585-1604).

[223] La bataille de Gravelines est une bataille navale qui oppose, le 8 août 1588, la flotte anglaise à l'Invincible Armada espagnole dans le cadre de la guerre anglo-espagnole (1585-1604). Gravelines est une petite commune à l'est de Calais, au large de laquelle mouille la flotte espagnole avant l'assaut.

[224] Alexandre Farnèse (1545-1592), duc de Parme, est gouverneur des Pays-Bas espagnols.

[225] Élisabeth Iʳᵉ (1533-1603) est reine d'Angleterre et d'Irlande de 1558 à sa mort. Sa vie est évoquée, avec Cate Blanchett pour le rôle-titre, dans les films *Elizabeth* (1998) et *Elizabeth : L'Âge d'or* (2007) de Shekhar Kapur.

[226] Athéna, dans la mythologie grecque, est la déesse de la sagesse, de la guerre et de la stratégie militaire.

[227] Robert Dudley (1532-1588), comte de Leicester, est le favori de la reine Élisabeth Iʳᵉ et le chef militaire des troupes anglaises face à l'Invincible Armada.

[228] Élisabeth Iʳᵉ utilise ici une figure de rhétorique qu'on appelle l'antéoccupation. Cette figure consiste à réfuter une objection prévue. Deux parties la composent. La première est l'énoncé de l'objection, la prolepse. La seconde est la réponse à l'objection, l'hypobole.

[229] Lis le discours aux troupes à Tilbury d'Élisabeth Iʳᵉ en version originale : QR code n° 17.

[230] Voir note n° 136.

[231] Le Bureau ovale (en anglais, *Oval Office*), situé dans l'aile Ouest de la Maison-Blanche, est le bureau officiel qu'occupe le président des États-Unis. Il doit son nom à sa forme elliptique.

[232] La Maison-Blanche (en anglais, *The White House*) est la résidence officielle, le bureau et le lieu de réception du président des États-Unis depuis son inauguration en 1800. Peint en blanc, le bâtiment se situe au 1600 Pennsylvania Avenue NW à Washington D.C. John Adams (1735-1826), deuxième président des États-Unis, est le premier à y faire son entrée. Le terme « Maison-Blanche » est fréquemment utilisé par métonymie pour désigner, selon le contexte, les États-Unis, l'administration présidentielle ou le pouvoir américain.

[233] Le discours sur l'état de l'Union (en anglais, *State of the Union address*) est un événement annuel aux États-Unis au cours duquel le président présente le bilan de son gouvernement pour l'année précédente et ses projets pour l'année à venir devant la branche législative du gouvernement fédéral. Le discours est prononcé à Washington D.C., au Capitole des États-Unis, où les deux chambres — la Chambre des représentants et le Sénat — sont réunies en Congrès. En dehors de cette occasion, le président n'est pas autorisé à s'adresser au Congrès sans sa permission. Systématiquement prononcé au mois de janvier, le discours est diffusé en direct à la télévision et à la radio. En 1986, en raison de l'explosion de la navette *Challenger*, le discours sur l'État de l'Union est reporté d'une semaine.

[234] Nancy Reagan (1921-2016) est une femme d'affaires, actrice et personnalité politique américaine. En tant qu'épouse du 40e président des États-Unis Ronald Reagan, elle est la Première dame des États-Unis du 20 janvier 1981 au 20 janvier 1989. Ronald Reagan associe souvent sa femme à ses adresses au peuple américain, créant ainsi une proximité avec les familles.

[235] *Challenger* est une navette spatiale américaine ayant accompli neuf missions pendant lesquelles elle a parcouru 41 527 416 km et passé 62 jours dans l'Espace. Dix satellites ont été déployés grâce à elle.

[236] L'accident de la navette spatiale américaine Challenger se produit le 28 janvier 1986. Après plusieurs reports (lancement prévu initialement le 21 janvier), la navette décolle du Centre spatial Kennedy, en Floride, à 11 h 38, heure de la côte Est (16 h 38 UTC). 73,162 secondes plus tard, elle est pulvérisée à 14 600 mètres d'altitude. L'accident entraîne une interruption de 32 mois du programme de la navette et la formation d'une commission d'enquête. Celle-ci constate que la culture d'entreprise de la NASA et les processus de décision sont les principaux facteurs ayant conduit à l'accident. QR code n° 11.

[237] Les sept membres d'équipage sont (QR code n° 10) :
– Francis R. Scobee, commandant ;
– Michael J. Smith, pilote ;
– Judith A. Resnik, spécialiste de mission ;
– Ellison S. Onizuka, spécialiste de mission ;
– Ronald E. McNair, spécialiste de mission ;
– Gregory B. Jarvis, spécialiste de charge utile ;
– Christa McAuliffe, professeur de lycée.

[238] Sharon Christa Corrigan McAuliffe (1948-1986) est professeur de sciences sociales à Concord dans le New Hampshire et astronaute américaine destinée à être la première civile dans l'Espace. Elle est le symbole de la volonté de Ronald Reagan de rendre un jour l'Espace accessible à tous. QR code n° 62.

[239] On estime que la moitié des écoliers regardaient en direct le lancement de la navette spatiale Challenger devant leur écran de télévision.

[240] NASA est l'acronyme de National Aeronautics and Space Administration (en français, Administration nationale de l'aéronautique et de l'espace). La NASA, créée le 29 juillet 1958, est l'agence fédérale responsable du programme spatial civil américain.

[241] Les deux formules citées par Ronald Reagan sont extraites du poème *High Flight* (1941) de John Gillespie Magee Jr. (1922-1941), pilote de chasse anglo-américain dans la Royal Canadian Air Force et poète, tué lors d'une collision accidentelle en vol. QR code n° 33.

La bonne citation, bien choisie, au bon moment, peut être payante. Cela donne de l'autorité à ton discours qui profite ainsi de la légitimité ou de l'expertise de l'auteur de la citation. Une citation donne à réfléchir et soutient tes affirmations (un proverbe, sans être imprégné du prestige d'une célébrité, peut aussi dans certains cas faire l'affaire, porteur qu'il est du bon sens populaire). Choisis ta citation courte dans une syntaxe simple.

[242] Le discours du président Ronald Reagan en vidéo : QR code n° 80. Le texte intégral : QR code n° 81. Le discours a été rédigé par la plume du président, Peggy Noonan, née en 1950, auteur américaine et éditorialiste au *Wall Street Journal*.

[243] *E.T., l'extra-terrestre* est un film de science-fiction américain réalisé par Steven Spielberg et sorti en 1982. Le film raconte comment Elliott, un petit garçon solitaire, va aider un extra-terrestre abandonné sur Terre à rentrer chez lui.

[244] Steven Spielberg, né en 1946, est un réalisateur, producteur et scénariste américain.

[245] Albert Uderzo (1927-2020) est le nom de plume d'Alberto Aleandro Uderzo, auteur de bande dessinée français et éditeur.

[246] René Goscinny (1926-1977) est un scénariste de bande dessinée français, écrivain, producteur, réalisateur et scénariste de films.

[247] *Astérix* est une série de bande dessinée française créée en 1959 par René Goscinny (scénario) et Albert Uderzo (dessin). Le 40e album paraît en octobre 2023.

[248] Lucius Junius Brutus (?-509 av. J.-C.) est le fondateur légendaire de la République romaine en 509 av. J.-C. et l'un des deux premiers consuls.

[249] Remontant à la fondation de Rome, la Via Sacra (Voie Sacrée) en est la route la plus ancienne. Elle mène jusqu'au Forum.

[250] La toge prétexte est une toge blanche bordée d'une bande de pourpre portée par les magistrats de la Rome antique.

[251] Le bénéficiaire d'une ovation portait l'*ovalis corona*, la couronne de myrte, et non pas la couronne de laurier réservée au triomphe.

[252] Publius Postumius Tubertus est un homme politique romain du VIe siècle av. J.-C. Consul à deux reprises (505 et 503 av. J.-C.), il est le premier homme à avoir reçu une ovation.

[253] L'Aniene (Anio, en latin), rivière du Latium longue de 99 km, est l'un des principaux affluents du Tibre.

[254] Les Sabins sont un peuple italique établi au nord-est de Rome. Au Ve siècle av. J.-C., une série de conflits, connue sous le nom de Guerres romano-sabelliennes, opposent les Sabins à Rome.

[255] Le Latium est une région de l'Italie centrale occidentale dont Rome fait partie. Située sur la rive gauche du Tibre, la région s'étend au nord jusqu'à la rivière Aniene, au sud-est jusqu'aux marais pontins et au sud jusqu'au mont Circé.

[256] Pline l'Ancien (23-79 apr. J.-C.) : écrivain, naturaliste et historien romain. *Histoire naturelle*, son œuvre majeure, la seule qui nous soit parvenue, compile tout le savoir de son époque en 37 volumes.

[257] Pline l'Ancien, *Histoire naturelle*, livre XV, 38.

[258] Marcus Valerius Volusus est un homme politique romain du VIe siècle av. J.-C. Il est élu consul en 505 av. J.-C. aux côtés de Publius Postumius Tubertus.

[259] Les chevaliers sont des citoyens romains fortunés ayant les moyens de s'équiper pour servir dans la cavalerie.

[260] La tunique angusticlave est caractérisée par une étroite bande pourpre cousue dessus.

[261] SPQR est le sigle de *Senatus Populusque Romanus* (le Sénat et le peuple romain). Emblème de la République romaine, il figure sur les monuments et sur les bannières de l'armée.

[262] Le Forum est la place principale de la Rome antique à partir de 616 av. J.-C., lieu de célébration de nombreux événements de la cité, historiques, religieux ou politiques.

[263] Le *Clivus Capitolinus* (Montée du Capitole) est la principale voie d'accès à la terrasse du Capitole (*Area Capitolina*). Dans le prolongement de la *Via Sacra*, elle commence au Forum.

[264] Le Capitole est l'une des sept collines sur lesquelles Rome a été fondée. Centre religieux de la cité, il héberge le Temple de Jupiter.

[265] Dédié aux trois divinités, Jupiter, Junon et Minerve, le Temple de Jupiter est érigé en 509 av. J.-C., première année de la République romaine. C'est là que les généraux victorieux terminent leur procession de triomphe ou d'ovation pour y faire un sacrifice.

[266] Le dieu *optimus et maximus* (le meilleur et le plus grand) désigne Jupiter.

[267] L'aire capitoline (*Area Capitolina*) est la terrasse entourant le temple de Jupiter sur la colline du Capitole.

[268] Le triomphe était accordé ou non par le Sénat en fonction du butin. Il fallait aussi impérativement que le territoire de la République soit augmenté. Contrairement aux usages de l'ovation au cours de laquelle il défilait à pied, le général victorieux, lauriers sur la tête, paradait, durant son triomphe, dans un char tiré par quatre chevaux, derrière les chars du butin, les sénateurs et les chefs vaincus. À sa suite marchaient ses légionnaires.

[269] « Placido Domingo: Tenor Of Our Times », *CBSnews.com,* 5 décembre 2000.

[270] Durant le parcours triomphal du général vainqueur, l'esclave chargé de tenir sa couronne de laurier au-dessus de sa tête lui murmurait à l'oreille des paroles l'incitant à l'humilité comme : « *Cave ne cadas.* » (prends garde de ne pas tomber) ou « *Memento mori.* » (souviens-toi que tu es mortel).

[271] Selon l'expression du poète anglais Matthew Arnold (1822-1888).

[272] William Turner, *Le naufrage*, 1805, huile sur toile, 171 x 240 cm. Tate Britain, Londres.

[273] Surnommé « le peintre de la lumière », Joseph Mallord William Turner (1775-1851), plus connu sous le nom de William Turner, est un peintre, aquarelliste et graveur britannique. Réputé pour ses huiles, il est souvent cité comme un précurseur de l'impressionnisme.

[274] Ajeng Intan Nur Rahmawati, Imam Ariffudin et Mulawarman Mulawarman, « Psychological Experience Dynamics of Students with Glossophobia through Narrative Counseling as seen from Gender: A Qualitative Study », *Proceedings of the 3rd ASEAN Conference on Psychology, Counselling, and Humanities (ACPCH 2017)*, Atlantis Press, 2018.

[275] La sophrologie est une pratique psychocorporelle créée dans les années 1960 par le neuropsychiatre colombien Alfonso Caycedo (1932-2017) et puisant, entre autres, dans le yoga, l'hypnose, la méditation et la visualisation créatrice.

[276] L'EFT, pour Emotional Freedom Techniques (Techniques de libération émotionnelle), est une pratique psychocorporelle, créée en 1993 par Gary Craig (1940-), ayant recours à des stimulations digitales de certains points d'acupuncture. Il s'agit d'une simplification de la TFT (Thought Field Therapy, Thérapie du champ mental) inventée dans les années 1980 par Roger Callahan (1925-2013), psychologue cognitiviste et hypnothérapeute américain spécialiste des phobies.

[277] L'un des groupes de parole les plus réputés est Toastmasters International. Voir note n° 477. Pour plus d'informations, consulte le site toastmasters.org.

[278] Jerome Allen Seinfeld, dit Jerry Seinfeld, (1954-) est un humoriste américain, comédien de *standup*.

[279] Pour voir le spectacle de Jerry Seinfeld en entier : QR code n° 83. Pour te rendre directement à l'extrait sur la peur de la prise de parole en public : QR code n° 84.

[280] The Chapman University, « America's Top Fears 2020/2021 », *The Chapman University Survey of American Fears Wave 7*, janvier 2021.

[281] Juge par toi-même dans une interview de Patrick Modiano : QR code n° 65.

[282] Le prix Nobel de littérature récompense chaque année, depuis 1901, un écrivain ayant rendu de grands services à l'humanité grâce à une œuvre littéraire qui, selon le testament du fondateur du prix Alfred Nobel, « a fait la preuve d'un puissant idéal ». Le nom du lauréat est annoncé par l'Académie suédoise au mois d'octobre. Le prix est remis le 10 décembre à Stockholm au cours d'une cérémonie.

[283] Jean Patrick Modiano, dit Patrick Modiano, né en 1945, est un écrivain français, lauréat du prix Nobel de littérature en 2014. Auteur d'une trentaine de romans largement primés (Grand prix du roman de l'Académie française, prix Goncourt, entre autres), son œuvre est traduite en trente-six langues.

[284] Quelques jours avant la remise du prix le 10 décembre à Stockholm, le lauréat est invité à faire un discours devant les membres de l'Académie suédoise dans lequel il définit son œuvre et ses aspirations artistiques.

[285] Écoute la conférence Nobel de Patrick Modiano : QR code n° 66. Si l'élocution de l'écrivain entrave ton plaisir, lis son texte magnifique : QR code n° 67.

[286] Le stade de Wembley (Wembley Stadium) est situé à Wembley, une banlieue au nord-ouest de Londres. Il est inauguré le 28 avril 1923 en vue de l'Exposition impériale britannique de 1924. Il devient ensuite le stade national anglais.

[287] L'Exposition impériale britannique (British Empire Exhibition) est une exposition coloniale qui s'est tenue dans le stade de Wembley en 1924 et 1925.

[288] Albert Frederick Arthur George (1895-1952) est le second fils du roi George V (1865-1936). Il devient roi du Royaume-Uni sous le nom de George VI le 11 décembre 1936 à l'abdication d'Édouard VIII (1894-1972), son frère, qui renonce

au trône après 326 jours de règne pour épouser une Américaine roturière doublement divorcée.

[289] Georges de Lydda (v.275/280-303), saint Georges, est un martyr de la tradition chrétienne. Il est le saint patron, entre autres, du royaume d'Angleterre, de la chevalerie chrétienne et des armuriers. Il est le plus souvent représenté en chevalier, monté sur un cheval blanc, terrassant un dragon de sa lance ; il fait ainsi figure d'allégorie de la victoire de la foi chrétienne sur le démon ou plus largement du bien sur le mal. La croix de saint Georges (croix rouge sur fond blanc) est le drapeau de l'Angleterre.

[290] L'histoire du combat de George VI contre son bégaiement est relatée dans le film *Le discours d'un roi* (*The King's Speech*, 2010) de Tom Hooper avec Colin Firth dans le rôle du monarque.

[291] Les consultations commencent le 10 octobre 1926 et se déroulent à Londres, au cabinet du thérapeute situé au 146 Harley Street. Entre le 10 octobre 1926 et le 22 décembre 1927, on dénombre 82 séances.

[292] Lionel George Logue (1880-1953) est un spécialiste de l'élocution australien. Il s'installe à Londres en 1924 avec femme et enfants.

[293] George VI se livre à une heure d'exercices vocaux, environ, par jour.

[294] Un virelangue (appelé aussi casse-langue ou fourchelangue) est une phrase caractérisée par sa difficulté de prononciation et utilisée dans un cadre ludique ou comme exercice de diction. En anglais on parle de *tongue twister* (« tordeur de langue »). Deux des virelangues auxquels Lionel Logue a recours pour George VI sont : « Let's go gathering healthy heather with the gay brigade of grand dragons » et « She sifted seven thick-stalked thistles through a strong, thick sieve » (N. Sreedharan, *Thought-Provoking Quotations*, Sura Books, 2007).

[295] Le Prince Albert réussit en 1927 à prononcer son discours d'inauguration du Parlement australien sans bégaiement.

[296] Pour lui faciliter la vie, Lionel Logue a remplacé tous les mots contenant des « g » et des « k », source d'embarras pour Sa Majesté. Le discours en vidéo : QR code n° 31. La transcription : QR code n° 32.

[297] Dans la conversation courante, les tics de langage peuvent représenter jusqu'à 20 % des mots employés (J. E. Fox Tree, « The effects of false starts and repetitions on the processing of subsequent words in spontaneous speech », *Journal of Memory and Language*, vol. 34, n° 6, 1995, p. 709-738).

[298] Lire fiche 01 page 10.

[299] À l'origine, Churchill n'est pas un orateur. Il rencontre des difficultés d'élocution : il est affecté d'une sorte de bredouillement et d'un zézaiement qui lui rendent pénible la prononciation des « s ». Il passe de longues années à surmonter son handicap. Il se fait aider en cela par la Stuttering Foundation, fondation pour le bégaiement (stutteringhelp.org). On peut l'entendre bégayer légèrement dans son discours sur le rideau de fer : QR code n° 14. Pour la biographie de Winston Churchill, voir note n° 15.

[300] Louis Jouvet (1887-1951) est un comédien, metteur en scène, théoricien de l'art dramatique et directeur de théâtre français, professeur au Conservatoire national supérieur d'art dramatique. Son bégaiement est à l'origine de sa diction syncopée qui fait sa singularité et le rend célèbre. Écoute sa conférence de Boston : QR code n° 43.

[301] Marilyn Monroe (1926-1962) est une actrice, mannequin et chanteuse américaine. Elle débute sa carrière de comédienne en août 1946 et accède au statut

de star hollywoodienne et de sex-symbol dès le début des années 1950. Le fameux souffle dans sa voix est une stratégie pour endiguer le bégaiement dont elle souffre depuis l'enfance. C'est un orthophoniste qui lui conseille de forcer sa respiration avant de parler. Marilyn Monroe évoque son bégaiement dans une interview : QR code n° 68.

[302] Scatman John (1942-1999), de son vrai nom John Paul Larkin, est un chanteur, auteur-compositeur et pianiste américain. Bégayant depuis sa plus tendre enfance, il découvre le scat à l'âge de 14 ans en écoutant Ella Fitzgerald chanter « How High the Moon » (QR code n° 36). S'essayant à ce style de performance, il prend conscience qu'il est capable de surprenantes prouesses vocales qui font de son bégaiement un atout et l'amène à créer son style de chant unique : le « scat-rap » (QR code n° 82). Il reçoit à sa mort le surnom de « King of Scat ».

[303] Joseph Robinette Biden Jr, couramment appelé Joe Biden, né en 1942, est un homme d'État américain. Membre du Parti démocrate, il est le 46e président des États-Unis depuis 2021, le deuxième de confession catholique après John F. Kennedy. Joe Biden réussit à vaincre son bégaiement à l'âge de vingt ans en lisant, devant son miroir, des poésies du poète américain Ralph Waldo Emerson (1803-1882) et du poète irlandais William Butler Yeats (1865-1922), prix Nobel de littérature en 1923 ; ce qui lui permet d'apprendre à rythmer ses phrases. Joe Biden parle du bégaiement lors d'une interview publique : QR code n° 06).

[304] François Bayrou, né en 1951, est un homme politique français, maire de Pau depuis 2014. Il commence à souffrir de bégaiement vers l'âge de six ans. Pour s'en débarrasser, il se fait aider par son professeur de français, suit un stage de diction et passe des heures à déclamer des poèmes qu'il a appris par cœur. À l'âge de vingt-quatre ans, il peut parler presque sans trébucher. François Bayrou revient sur son bégaiement en interview : QR code n° 05.

[305] Walter Bruce Willis, dit Bruce Willis, né en 1955, est un acteur de film d'action et producteur de cinéma américain. Il est aussi harmoniciste et chanteur. Bruce Willis a lutté durant les premières années de sa vie contre le bégaiement. Jusqu'à ce qu'il découvre, en jouant dans une pièce de théâtre au lycée, qu'il perd son bégaiement lorsqu'il devient un personnage. Il travaille ensuite la confiance en soi avec une orthophoniste. Bruce Willis se confie en conférence sur son bégaiement : QR code n° 96).

[306] Emily Blunt est une actrice anglo-américaine née le 23 février 1983 à Londres. Elle souffre de bégaiement jusqu'à l'âge de 14 ans. Après avoir tenté, sans succès, la relaxation et l'orthophonie, elle réussit, sur les conseils de son professeur de théâtre, à vaincre son handicap en changeant d'accent. Elle devient alors très douée pour imiter les accents (QR code n° 07). Emily Blunt explique dans une interview comment elle s'en est sortie : QR code n° 08.

[307] Une liste de célébrités, pour la plupart anglophones, présentant un défaut d'élocution se trouve sur le site de la Stuttering Foundation : stutteringhelp.org/famouspeople (QR code n° 86).

[308] Ed Sheeran, de son nom complet Edward Christopher Sheeran, né en 1991, est un auteur-compositeur-interprète et guitariste anglais. L'artiste lutte contre le bégaiement jusqu'à l'âge de 10 ans, tentant vainement différentes thérapies. C'est alors, comme il le raconte (QR code n° 85), que son père lui offre un album d'Eminem, *The Marshall Mathers LP*. Ed Sheeran apprend les paroles par cœur et chante les chansons en boucle. Grâce au rap rapide et rythmé d'Eminem, il réussit à se débarrasser de son bégaiement.

[309] Marshall Bruce Mathers III, dit Eminem, né en 1972, est un rappeur américain, également producteur et acteur. Écoute l'une des chansons de lui qui a sauvé Ed Sheeran : QR code n° 22.

[310] Samuel Leroy Jackson, dit Samuel L. Jackson, est un acteur et producteur de cinéma américain, né en 1948. Très tôt, il bégaye. Il ne bute pas toujours sur les mêmes consonnes ; comme il dit : « J'ai des jours G, des jours P, des jours B, des jours S... » C'est sa tante, professeur d'arts du spectacle, qui le pousse à faire du théâtre. Là, il découvre le plaisir de jouer à être quelqu'un qui ne bégaye pas. Plus tard, il prend conscience qu'il peut faire cesser son bégaiement instantanément en disant : « *Motherfucker!* » Voir sa conférence : QR code n° 40.

[311] « *Motherfucker* » est une expression américaine qui, selon le contexte, peut se traduire en français par « fils de pute », « enculé », « connard » ou « bâtard ».

[312] Le débat se déroule à Chicago dans les studios de CBS-TV WBBM. Il est le premier d'une série de quatre et porte sur la politique intérieure.

[313] En France, le premier débat télévisé dans le cadre de l'élection présidentielle a lieu, dans l'entre-deux-tours, le 10 mai 1974. D'une durée d'une heure et quarante et une minutes, il oppose Valéry Giscard d'Estaing (FNRI), 48 ans, ministre de l'Économie et des Finances et François Mitterrand (Union de la Gauche), 58 ans, Premier secrétaire du Parti socialiste. C'est à cette occasion que Valéry Giscard d'Estaing prononce sa phrase assassine qui, d'après la légende, lui fait gagner le débat : « Vous n'avez pas le monopole du cœur. »

[314] Richard Nixon (1913-1994), républicain, deviendra le 37e président des États-Unis pour deux mandats, du 20 janvier 1969 au 9 août 1974, succédant au démocrate Lyndon Baines Johnson (1908-1973). Il ne terminera pas son second mandat, démissionnaire en raison du scandale du Watergate. Sa vie est évoquée dans les films *Nixon* (1995) d'Oliver Stone avec Anthony Hopkins, et *Frost / Nixon, l'heure de vérité* (2008) de Ron Howard avec Frank Langella.

[315] Voir note n° 194.

[316] Le débat, d'une durée de 60 minutes, n'est pas organisé comme une confrontation face à face. Les deux candidats à la Maison-Blanche sont installés dans des fauteuils séparés par le modérateur Howard K. Smith. Chacun, à son tour, se dirige vers son pupitre pour répondre à chaque nouvelle question posée par l'un des quatre journalistes qui leur font face. Nixon et Kennedy disposent chacun de huit minutes pour leur introduction et trois minutes pour conclure ; chacune de leurs réponses ne doit pas excéder deux minutes trente. Ils ont, en outre, la possibilité de répliquer directement à leur rival durant quatre-vingt-dix secondes.

[317] Howard Kingsbury Smith (1914-2002) est un journaliste américain, présentateur de journal télévisé et commentateur politique. À l'époque du débat, il officie pour la chaîne de télévision CBS.

[318] Le président alors en activité est le républicain Dwight David Eisenhower (1890-1969), ayant déjà accompli les deux mandats autorisés par la Constitution américaine.

[319] Sondage Gallup.

[320] Pour voir le débat Nixon/Kennedy dans son intégralité QR code n° 69.

[321] Arthur Brisbane (1864-1936), est un journaliste américain. De 1897 à sa mort, il est rédacteur en chef du *New York Evening Journal*.

[322] Philippe Leclerc de Hauteclocque (1902-1947), né Philippe de Hauteclocque, est un militaire français. Fait prisonnier en 1940 pendant la bataille de France, il s'évade et rejoint le général de Gaulle à Londres qui lui confie pour mission

de rallier l'Afrique-Équatoriale française à la France libre. Il prend alors pour nom de guerre « Leclerc » qu'il sera autorisé en 1945 à ajouter à son patronyme. Il sera élevé au rang de maréchal de France à titre posthume.

[323] La 2e division blindée (2e DB) est une unité de 4 200 véhicules créée pendant la Seconde Guerre mondiale par le général Leclerc et placée sous son commandement. Après avoir servi en Afrique, elle débarque le 1er août 1944, rattachée à la IIIe armée américaine du général George Patton. Elle est la première unité alliée à entrer dans Paris le 24 août 1944, qu'elle libère le lendemain. Quittant la capitale le 8 septembre, la 2e DB poursuit sa route jusqu'à Strasbourg (23 novembre), puis jusqu'au « nid d'aigle » du Führer le 4 mai.

[324] Les Forces françaises de l'intérieur (FFI) sont le résultat de la fusion, au 1er février 1944, des principaux groupements militaires de la résistance française. En juin 1944, leur effectif est de 100 000 hommes.

[325] Henri Tanguy (1908-2002), dit « Colonel Rol-Tanguy », est un militant communiste français, membre dirigeant de la Résistance pendant la Seconde Guerre mondiale. Nommé chef régional des FFI de la région Île-de-France le 1er juin 1944, il est principalement connu pour avoir mené la libération de Paris de l'intérieur avant l'arrivée de la 2e division blindée du général Leclerc.

[326] Dietrich von Choltitz (1894-1966) est un général d'infanterie allemand, gouverneur militaire du « *Groß Paris* » à partir du 7 août 1944.

[327] *Groß Paris* (en français, « Grand Paris ») est le nom donné à la capitale par les Allemands.

[328] Charles de Gaulle (1890-1970) est un militaire, résistant, homme d'État et écrivain français. Il est notamment chef de la France libre, puis dirigeant du Comité français de libération nationale pendant la Seconde Guerre mondiale, président du Gouvernement provisoire de la République française de 1944 à 1946, président du Conseil des ministres de 1958 à 1959, instigateur de la Cinquième République, fondée en 1958, et président de la République de 1959 à 1969. Rejetant l'armistice demandé par Pétain à l'Allemagne nazie, il lance de Londres, à la BBC, l'Appel du 18 juin (QR code n° 24), qui incite le peuple français à résister et à rejoindre les Forces françaises libres. Il est de ce fait condamné à mort par contumace et déchu de la nationalité française par le régime de Vichy. Sa vie est évoquée dans le film *De Gaulle* (2020) de Gabriel Le Bomin avec Lambert Wilson.

[329] Georges Bidault (1899-1983) est un résistant et homme d'État français. Il devient président du Conseil national de la Résistance (CNR) le 21 juin 1943 à la suite de la disparition de Jean Moulin (1899-1943).

[330] Le Conseil national de la Résistance (CNR) est l'organisme qui dirige et coordonne les différents mouvements de la Résistance intérieure française pendant la Seconde Guerre mondiale, toutes tendances politiques confondues, à partir du milieu de l'année 1943. Le CNR est créé par Jean Moulin (1899-1943) sur ordre du général de Gaulle.

[331] Lis le texte de l'Appel du 18 juin 1940 : QR code n° 24.

[332] L'enregistrement audio : QR code n° 28. Le texte intégral : QR code n° 29. Un extrait vidéo : QR code n° 27.

[333] La phrase originelle du peintre Auguste Renoir (1841-1919) est : « Ce dessin m'a pris cinq minutes, mais j'ai mis soixante ans pour y arriver. » Propos rapporté par Gustave Coquiot, dans *Auguste Renoir*, éditions Albin Michel, 1925.

[334] James Cleveland Owens (1913-1980) dit Jesse Owens, est un athlète américain considéré comme le premier sportif noir de renommée internationale. En

1936, aux Jeux Olympiques de Berlin, il remporte quatre médailles d'or sous les yeux d'Adolf Hitler : 100 mètres, 200 mètres, saut en longueur et relais 4 x 100 mètres. Lors de la finale du 100 mètres, le 3 août 1936, il court en 10 secondes et 3 dixièmes.

[335] Yasser Arafat (1929-2004), de son vrai nom Mohamed Abdel Raouf Arafat al-Qoudwa al-Husseini, est un activiste et homme d'État palestinien. Dirigeant du Fatah et de l'Organisation de libération de la Palestine (OLP), il devient dans les années 1990, pour Israël, un interlocuteur crédible dans le cadre du processus de paix israélo-palestinien.

[336] Fondé le 28 mai 1964 et constitué de 422 représentants des communautés palestiniennes, le Conseil national palestinien (CNP) est le Parlement en exil du peuple palestinien. C'est l'institution la plus importante de l'OLP. Le comité exécutif, instance directrice de l'organisation, est élu par le CNP.

[337] En 1982, à la suite de l'entrée d'Israël au Liban, Yasser Arafat et l'OLP quittent Beyrouth, où ils étaient installés depuis 1970, pour s'établir à Tunis.

[338] L'Organisation de libération de la Palestine est une organisation palestinienne politique et paramilitaire, créée le 28 mai 1964 à Jérusalem.

[339] Amman est la capitale de la Jordanie.

[340] En effet, la loi américaine interdit l'entrée sur son territoire à toute personne ayant « approuvé, encouragé ou commis » des actes terroristes.

[341] Le 13 novembre 1974, Yasser Arafat donne, devant l'Assemblée générale des Nations unies, un discours dans lequel il définit le sionisme comme une idéologie raciste, impérialiste et colonialiste, justifiant la lutte pour la cause palestinienne.

[342] Lis le discours de Yasser Arafat du 13 décembre 1988 à Genève : QR code n° 02.

[343] Le mot « *wit* » est un terme anglais qui désigne l'intelligence vive et rapide, souvent associée à l'humour. Il fait référence à la capacité de quelqu'un à formuler des reparties spirituelles, des observations pénétrantes ou des jeux de mots astucieux. Dans le contexte du *standup*, « *wit* » se réfère à la capacité de l'humoriste à être vif d'esprit, réactif et inventif, en particulier lorsqu'il interagit avec son public ou qu'il doit s'adapter à des situations imprévues.

[344] Le texte intégral officiel de l'appel du 18 juin du général de Gaulle : QR code n° 24.

[345] L'enregistrement sonore de l'appel du 22 juin du général de Gaulle : QR code n° 25.

[346] L'armistice du 22 juin 1940 est signé en forêt de Compiègne entre le Troisième Reich, représenté par le général Wilhelm Keitel, et le dernier gouvernement de la Troisième République, dirigé par le maréchal Philippe Pétain et représenté par le général Charles Huntziger, afin de suspendre les hostilités. Adolf Hitler exige que l'armistice soit signé au même endroit que l'armistice du 11 novembre 1918 qui entérina la défaite de l'Allemagne et dans le même wagon-restaurant numéroté 2419 D.

[347] Trois appels du général de Gaulle en 1940 à comparer : celui du 18 juin, celui du 22 juin et celui placardé dans les rues de Londres : QR code n° 26.

[348] Le général de Gaulle prononce son discours le 18 juin en réponse à celui du maréchal Pétain le 17 juin invitant à « cesser le combat » : QR code n° 73.

349 L'enregistrement sonore généralement présenté comme celui du 18 juin 1940 est en fait du 22 juin, soit quatre jours plus tard. Il est, de plus, souvent illustré d'une photo du général de Gaulle postérieure de plusieurs années.

350 Frédéric Amadu est directeur technique chez Ircam Amplify.

351 Ircam Amplify est une filiale de l'Ircam fondée en juillet 2019, dont la mission est de « mettre le meilleur de la recherche audio et de la création sonore issu de l'Ircam au service des marchés et des nouveaux usages pour inventer, aux côtés des différents acteurs des écosystèmes audio, des futurs désirables en matière sonore. Il s'agit d'amplifier les pouvoirs du son avec justesse et harmonie, en veillant notamment à ce que la technologie soit toujours utile et responsable. »

352 L'Ircam, Institut de recherche et coordination acoustique/musique, est un centre français de recherche scientifique, d'innovation technologique, de création musicale, fondé, entre autres, par le compositeur et chef d'orchestre Pierre Boulez (1925-2016) en 1970. L'établissement se consacre à la production, à la formation, à la consultation et à l'expérimentation, favorisant l'interaction entre musique et science.

353 Ce projet est le fruit d'une collaboration entre le journal *Le Monde*, l'Ircam et Ircam Amplify, avec la participation du comédien François Morel. Les trois minutes de reconstitution de l'appel du 18 juin ont nécessité environ un mois de travail comprenant une semaine complète d'apprentissage par la machine, l'enregistrement du comédien et l'intervention de chercheurs, de techniciens et d'ingénieurs du son pour corriger l'audio. Le résultat a été rendu public en janvier 2023. Regarde comment cet enregistrement a été réalisé : QR code n° 30.

354 La prise de son a été faite non pas à partir de la seule version connue jusqu'alors, communiquée par le ministère de l'Information britannique et imprimée le 19 juin 1940 dans le *Times* et le *Daily Express*, mais sur la base de la transcription faite en direct par l'organe militaire suisse chargé de l'écoute des radios étrangères : le Gruppe Ohr (Groupe Oreille). C'est un historien suisse, Christian Rossé, qui a récemment découvert ce document dans les archives fédérales suisses de Berne. Le compte-rendu du discours du général de Gaulle, rédigé en langue allemande, diffère dans son introduction de la version retenue par l'Histoire : « Le gouvernement français a demandé à l'ennemi à quelles conditions honorables un cessez-le-feu était possible. Il a déclaré que, si ces conditions étaient contraires à l'honneur, la dignité et l'indépendance de la France, la lutte devait continuer. », au lieu de : « Les Chefs qui, depuis de nombreuses années sont à la tête des armées françaises, ont formé un gouvernement. Ce gouvernement, alléguant la défaite de nos armées, s'est mis en rapport avec l'ennemi pour cesser le combat. »

355 François Morel, né en 1959, est un acteur, metteur en scène, humoriste, essayiste, chanteur et chroniqueur de radio français.

356 Intelligence artificielle.

357 Certaines de ces possibilités existent déjà, mais ne sont pas encore accessibles au grand public dans leurs meilleures capacités.

358 James Earl Jones, né en 1931, est un acteur américain connu notamment pour son rôle de Dark Vador dans la saga cinématographique *Star Wars* créée par le réalisateur, scénariste et producteur américain George Lucas (1944-).

359 Dark Vador, ou Anakin Skywalker, est un personnage central des deux premières trilogies de la saga *Star Wars*. Il incarne le principal méchant de l'histoire.

360 Dans la saga *Star Wars*, les stormtroopers, ou soldats impériaux, sont les soldats de l'Empire galactique.

361 Épiménide de Knossos est un philosophe, poète et iatromante (chamane) crétois. Sa période d'activité se situe au VIIe siècle et VIe siècle av. J.-C. Ce que nous savons de sa vie nous vient principalement de Diogène Laërce, doxographe et biographe du début IIIe siècle.

362 « Quelqu'un d'entre eux [les Crétois], leur propre prophète [Épiménide le Crétois], a dit: "Les Crétois sont toujours menteurs, de méchantes bêtes, des ventres paresseux." », Paul de Tarse (saint Paul), « Épître à Tite », I, 12, Nouveau Testament.

363 Paul de Tarse, ou saint Paul, est né au début du Ier siècle et mort vers 67. Il est souvent considéré comme apôtre de Jésus, bien qu'il ne fasse pas partie du cercle initial des Douze.

364 Jean-Pierre Gorges, né en 1953, est un homme politique français, maire de Chartres depuis 2001. Il a été député de la première circonscription d'Eure-et-Loir de 2002 à 2017.

365 Chartres est une commune française de 39 000 habitants, préfecture du département d'Eure-et-Loir, dans la région Centre-Val de Loire, à 90 km de Paris. Connue notamment pour sa cathédrale, Notre-Dame de Chartres, la ville est libérée par l'armée américaine le 18 août 1944 après d'âpres combats contre l'occupant nazi. Le 23 août 1944, en route vers Rambouillet pour mettre au point avec le général Leclerc les derniers détails de la Libération de Paris, le général de Gaulle prononce une allocution depuis les marches de la grande Poste de Chartres: « Combien m'émeut l'accueil magnifique de Chartres, Chartres libérée ! Chartres sur le chemin de Paris, c'est-à-dire sur le chemin de la victoire ! »

366 Jean Moulin (1899-1943) est un haut fonctionnaire et résistant français. En janvier 1939, il est nommé préfet d'Eure-et-Loir à Chartres. En décembre 1941, il est chargé par le général de Gaulle d'unifier la résistance. Arrêté le 21 juin 1943, il est torturé à mort par la Gestapo.

367 ChatGPT est un modèle de langage développé par la société OpenAI cofondée par Elon Musk (qui en est parti depuis) et mis à disposition du grand public en novembre 2022. Cette application d'intelligence artificielle (IA) est capable de comprendre et de générer du texte en utilisant des algorithmes de traitement automatique du langage naturel. Basé sur des techniques de *deep learning* et de *machine learning*, ChatGPT peut répondre à des questions, raconter des histoires, traduire des phrases, ou encore écrire des textes de manière autonome. Le mot « *chat* », dans ChatGPT, fait référence à son utilisation dans les applications de *chatbot*. *Chatbot* est la contraction de *chat* et de *robot*. Le mot anglais *chat* se traduit par « conversation ». Un *chatbot* est un programme informatique conçu pour simuler une conversation avec des utilisateurs humains, généralement par l'intermédiaire d'un canal de messagerie ou d'une application de *chat*. GPT signifie « *Generative Pre-Training Transformer for Chatbot* », Transformateur de préentraînement génératif pour *chatbot*.

368 Chaque année, le 8 mai est l'occasion de célébrer dans toutes les communes de France la victoire des Alliés sur l'Allemagne nazie et la fin de la Seconde Guerre mondiale en Europe.

369 Écoute le discours rédigé par ChatGPT: QR code n° 34.

370 La réponse de Jean-Pierre Gorges à ses détracteurs: QR code n° 35.

371 Si tu veux apprendre à écrire tes discours avec ChatGPT, j'ai écrit un livre pour ça: *L'Orateur Augmenté*, Koan Éditions, 2023.

372 Hyacinthe Rigaud (1659-1743), né Jacint Francesc Honorat Matias Rigau-Ros i Serra, est un peintre catalan puis français (par annexion), spécialisé dans

le portrait. Il doit sa célébrité et sa fortune, notamment, à la fidélité de la maison Bourbon, dont quatre générations lui passent régulièrement commande.

[373] Le *Portrait de Louis XIV en costume de sacre* a été réalisé en 1701. Cette huile sur toile de 277 cm par 194 cm s'impose rapidement comme le « portrait officiel » de Louis XIV. Le roi est si impressionné par la ressemblance parfaite et la magnifique décoration qu'il en commande à Rigaud une copie pour son petit-fils Philippe V, roi d'Espagne. L'œuvre est exposée au Musée du Louvre sous le numéro d'inventaire 7492.

[374] Pourquoi Rigaud a-t-il recours à des assistants ?
– Pour se concentrer sur la composition. Libéré des détails, il peut se préoccuper de la composition et de l'émotion à transmettre.
– Pour profiter de talents. Certains de ses collaborateurs expérimentés peuvent peindre dans leurs spécialités mieux que Rigaut lui-même.
– Pour produire plus. Son talent et son succès lui attirent des clients de plus en plus nombreux, dont des membres de la famille royale et de la cour.
– Pour gagner du temps. Malgré tout, surchargé, il est constamment en retard de plusieurs mois sur ses chantiers. Au point de recevoir des avertissements de l'Académie royale de peinture et de sculpture.

C'est dans cet esprit qu'un orateur devrait utiliser ChatGPT.

[375] Grâce à cette équipe, Hyacinthe Rigaud laisse à sa mort un catalogue pléthorique. Le nombre de ses œuvres n'est pas connu avec exactitude. Mais on estime qu'à partir de 1681, il fait poser 1 324 modèles. Sachant que certains modèles ont posé pour deux ou trois portraits et que plusieurs toiles ont été reproduites, sa production se trouve dans une fourchette allant de 1 743 à 4 000 tableaux.

[376] La prosopopée est une figure de rhétorique par laquelle un orateur s'adresse à une personne absente ou à une personnification, ou annonce sa parole. Lorsque le personnage, par l'intermédiaire de l'orateur, parle effectivement, il s'agit alors d'une sermocination.

[377] Winston Churchill (1874-1965) avait un perroquet ara bleu nommé Charlie à qui il apprit des insultes antinazies.

[378] Greta Thunberg démarre avec une accroche puissante. L'accroche est le nom parfois donné à la première phrase d'un discours. Il est essentiel qu'elle soit suffisamment forte pour capter l'attention de l'auditoire.

[379] Greta Thunberg, née le 3 janvier 2003 à Stockholm (Suède), est une militante écologiste suédoise engagée dans la lutte contre le réchauffement climatique. Elle est atteinte du syndrome d'Asperger, du trouble obsessionnel compulsif et du trouble du déficit de l'attention.

[380] Écoute le discours de Greta Thunberg : QR code n° 88.

[381] Magdalena Frida Carmen Kahlo Calderón (1907-1954) est une artiste peintre mexicaine. Sur les 143 tableaux qu'elle a réalisés, 55 sont des autoportraits.

[382] Martha Graham (1894-1991) est une danseuse et chorégraphe américaine. Elle est considérée comme l'une des fondatrices de la danse contemporaine.

[383] Camille Claudel (1864-1943) est une sculptrice française. Elle est aussi l'élève, l'assistante, la maîtresse et la muse d'Auguste Rodin. Son œuvre, intime, à la fois réaliste et expressionniste, s'inscrit dans le courant de l'art nouveau.

[384] Construit en 1912, l'Audubon Ballroom, est un théâtre et une salle de bal et est située au 3940 Broadway et sur la 165e rue dans le quartier Washington Heights de Manhattan, à New York City. C'est là, qu'après avoir quitté Nation of

Islam, Malcolm X fonde le 28 juin 1964 l'Organisation de l'unité afro-américaine (OAAU) qui y tient ses réunions hebdomadaires.

[385] En 1942, Malcolm Little (1925-1965) est membre de la pègre de Boston. En conflit avec l'un des meneurs, il quitte la ville et s'installe à New York, dans le quartier de Harlem. Vivant de petits trafics, il est condamné en 1946 à dix ans d'emprisonnement pour vol et port d'arme. À sa libération en 1952, il se convertit à l'islam et rejoint Nation of Islam, une organisation suprémaciste noire dirigée par Elijah Muhammad. Il adopte alors le nom de Malcolm X, devenant, grâce à ses talents d'orateur, le porte-parole inspirant du mouvement. Il rompt officiellement avec l'organisation le 8 mars 1964. Le 13 avril 1964, il part en pèlerinage à La Mecque ; à son retour, il prend le nom musulman d'El-Hajj Malek El-Shabazz. Sa vie est évoquée dans le film *Malcolm X* (1992) de Spike Lee avec Denzel Washington.

[386] Dans la nuit du 14 février 1965, la maison de Malcolm X fait l'objet d'un attentat au cocktail Molotov qui déclenche un incendie. S'étant échappée à temps, la famille est saine et sauve.

[387] Dans les jours suivants l'attentat, Malcolm X accuse ouvertement Nation of Islam d'en être à l'origine.

[388] Betty Shabazz (1934-1997), parfois appelée Betty X, née Betty Dean Sanders, est une universitaire et militante américaine pour les droits civiques des Afro-Américains et des femmes. Elle épouse Malcolm X le 14 janvier 1958.

[389] Les filles de Malcolm X sont : Attallah (7 ans), Qubilah (4 ans), Ilyasah (3 ans) et Gamilah Lumumba (3 mois).

[390] Fondée à Détroit en 1930 par Wallace Fard Muhammad (1893-1971), Nation of Islam est une organisation nationaliste noire, suprémaciste et religieuse américaine.

[391] Le terme « Black Muslims » désigne d'une manière générale les Noirs musulmans et plus particulièrement les membres de Nation of Islam, l'organisation musulmane la plus active aux États-Unis.

[392] Elijah Muhammad (1897-1975), né Elijah Robert Poole, est le dirigeant de Nation of Islam, de 1934 à 1975.

[393] Voir note n° 76.

[394] *Assalamu alaykum* est une formule de salutation arabe qui signifie : « Que la paix soit sur vous. »

[395] *Wa alaykum assalam* est la réponse à une salutation et signifie : « Et sur vous soit la paix. »

[396] L'autopsie révèle vingt et une blessures par balle.

[397] Dans les minutes qui suivent la fusillade, l'un des tireurs, Moudjahid Abdu Halim, blessé à la jambe par un garde du corps de Malcolm X, est attrapé par la foule qui le bat avec rage. Il est sauvé *in extremis* par la police et conduit au poste. Les autres tireurs, au nombre de quatre, d'après un rapport de police, réussissent à s'enfuir. Dans les jours suivants, Muhammad Aziz et Khalil Islam, clamant leur innocence, sont arrêtés et l'enquête est déclarée terminée. Pourtant Moudjahid Abdu Halim, qui a avoué le crime, affirme qu'ils étaient cinq tireurs et que ses codétenus n'étaient pas présents ce jour-là. Les trois hommes sont condamnés à la prison à vie.

[398] Écoute son dernier discours qu'il donne le 15 février 1965 dans la salle même où il sera assassiné six jours plus tard : QR code n° 61.

[399] Le géocentrisme est un modèle physique ancien selon lequel la Terre se trouve immobile, au centre de l'Univers. Cette théorie est défendue, notamment, par Aristote (384-322 av. J.-C.) et Ptolémée (100-168).

[400] L'héliocentrisme est une théorie physique qui place le Soleil au centre de l'Univers. Plus tard, le Soleil n'est plus vu que comme un point dans l'Univers, parmi d'autres, autour duquel s'organise notre Système solaire.

[401] Nicolas Copernic (1473-1543) est un chanoine, astronome, médecin et mathématicien polonais. Il est connu pour avoir développé et défendu la théorie de l'héliocentrisme.

[402] Filippo Bruno (1548-1600), dit Giordano Bruno, est un frère dominicain et philosophe napolitain. Sur la base des travaux de Copernic, il développe la théorie de l'héliocentrisme et montre, de manière philosophique, la pertinence d'un univers infini, qui n'a ni centre ni circonférence. Accusé d'hérésie par l'Inquisition pour ses écrits jugés blasphématoires, il est condamné à être brûlé vif au terme de huit années de procès.

[403] Galilée (1564-1642), Galileo Galilei, en italien, est un mathématicien, géomètre, physicien et astronome italien. Défenseur de l'approche héliocentriste de Copernic, il est condamné en 1633 par le Saint-Office à la prison pour hérésie. La peine est commuée par le Pape en résidence surveillée.

Voici l'aveu rédigé par le Saint-Office que fut contraint de lire Galilée pour échapper à une sentence de mort : « Moi, Galileo, fils de feu Vincenzo Galilei de Florence, âgé de soixante-dix ans, ici traduit pour y être jugé, agenouillé devant les très éminents et révérés cardinaux inquisiteurs généraux contre toute hérésie dans la chrétienté, ayant devant les yeux et touchant de ma main les Saints Évangiles, jure que j'ai toujours tenu pour vrai, et tiens encore pour vrai, et avec l'aide de Dieu tiendrai pour vrai dans le futur, tout ce que la Sainte Église catholique et apostolique affirme, présente et enseigne. Cependant, alors que j'avais été condamné par injonction du Saint-Office d'abandonner complètement la croyance fausse que le Soleil est au centre du monde et ne se déplace pas, et que la Terre n'est pas au centre du monde et se déplace, et de ne pas défendre ni enseigner cette doctrine erronée de quelque manière que ce soit, par oral ou par écrit ; et après avoir été averti que cette doctrine n'est pas conforme à ce que disent les Saintes Écritures, j'ai écrit et publié un livre dans lequel je traite de cette doctrine condamnée et la présente par des arguments très pressants, sans la réfuter en aucune manière ; ce pour quoi j'ai été tenu pour hautement suspect d'hérésie, pour avoir professé et cru que le Soleil est le centre du monde, et est sans mouvement, et que la Terre n'est pas le centre, et se meut. J'abjure et maudis d'un cœur sincère et d'une foi non feinte mes erreurs. »

[404] Quant à René Descartes (1596-1650), lorsqu'il apprend la condamnation de Galilée, il renonce à publier son *Traité du monde et de la lumière* dans lequel il prend position pour l'héliocentrisme. L'ouvrage ne paraîtra qu'après sa mort en 1664.

[405] Michel Colucci (1944-1986), dit Coluche, est un humoriste et comédien français.

[406] Pierre-Fleurus Touéry (1802-1883) est un pharmacien français. On lui doit la mise en évidence du principe actif du charbon activé et de la caséine.

[407] L'Académie royale de médecine est créée par Louis XVIII en 1820. Aujourd'hui, Académie nationale de médecine, elle a pour mission de répondre, sur demande du Gouvernement, à toute question concernant la santé publique, de manière à lui fournir un éclairage en matière de politique de santé. Elle peut aussi, de son propre chef, émettre des avis en la matière.

[408] À sa création, l'Académie siège à la faculté de médecine de Paris. Elle s'installe ensuite rue de Poitiers de 1824 à 1850, puis rue des Saints-Pères, avant d'emménager définitivement dans l'hôtel de la rue Bonaparte à partir de 1902.

[409] Solomiac est une commune française située dans l'est du département du Gers, en région Occitanie. Sa population est aujourd'hui de moins de 500 habitants.

[410] La noix vomique est la graine du vomiquier (*Strychnos nux-vomica*), une espèce d'arbres d'Asie du Sud-Est. Elle permet d'obtenir la strychnine.

[411] La strychnine est un alcaloïde neurotoxique. On l'obtient en râpant des noix vomiques dans l'alcool bouillant, puis en distillant la liqueur obtenue. À petite dose, elle augmente l'amplitude respiratoire ; c'est pourquoi certains sportifs l'utilisent comme produit dopant. À la dose létale de 0,2 mg par kg, elle provoque des convulsions, puis l'arrêt cardiaque et la mort par asphyxie en moins de 20 minutes. En France, la strychnine est interdite depuis 1982 dans la médecine humaine, et retirée de la vente comme raticide depuis 1999.

[412] Selon la qualité du charbon activé, la surface d'absorption peut monter à 2 500 m^2 par gramme, soit 10 terrains de tennis ou 2 piscines olympiques.

[413] Le charbon actif absorbe 100 % du chlore et 90 % du plomb contenus dans l'eau municipale. »

[414] Le charbon activé est aujourd'hui utilisé dans la filtration des liquides (filtres à eau), la purification de l'air (masque à gaz, abri antiatomique) et en pharmacie (ballonnements, indigestion, intoxication, empoisonnement).

[415] Thomas Cruise Mapother IV, dit Tom Cruise, né en 1962, est un acteur et producteur de cinéma américain.

[416] Jean-Paul Belmondo (1933-2021) est un acteur, producteur de cinéma et directeur de théâtre français.

[417] *L'homme de Rio*, Philippe de Broca, 1964.

[418] *Le casse*, Henri Verneuil, 1971.

[419] *Peur sur la ville*, Henri Verneuil, 1975.

[420] *L'animal*, Claude Zidi, 1977.

[421] *Le guignolo*, Georges Lautner, 1980.

[422] Bébel, ou Bebel, est le surnom affectueux donné par le public et la presse à Jean-Paul Belmondo.

[423] Marie-Claire Chevalier (1955-2022) est violée à 16 ans, en août 1971, par un garçon de 18 ans fréquentant le même lycée.

[424] Marie-Claire tombe enceinte et décide d'avorter. Dénoncée par son violeur, elle est jugée à huis clos, en raison de son statut de mineure, par le tribunal de Bobigny en octobre 1972.

[425] Après avoir été, durant le régime de Vichy, un crime d'État passible de la peine de mort, l'avortement est, à l'époque, un délit.

[426] Marie-Claire est relaxée le 11 octobre 1972.

[427] Écoute la réaction de Gisèle Halimi après la relaxe de Marie-Claire : QR code n° 36.

[428] Dans le deuxième volet du procès de Bobigny, comparaissent quatre femmes : la mère de Marie-Claire, qui a financé l'opération, la faiseuse d'anges et deux collègues qui ont assuré la mise en relation.

[429] « Et si je ne parle aujourd'hui, Messieurs, que de l'avortement et de la condition faite à la femme par une loi répressive, une loi d'un autre âge, c'est moins parce que le dossier nous y contraint que parce que cette loi est la pierre de touche de l'oppression qui frappe les femmes. » Gisèle Halimi, *plaidoirie du procès de Bobigny*, Bobigny, 8 novembre 1972.

[430] Gisèle Halimi, *La Cause des femmes*, Grasset, 1973.

[431] Simone de Beauvoir (1908-1986) est une philosophe, romancière et essayiste française, militante féministe.

[432] *Choisir la cause des femmes*, abrégé en *Choisir*, est à l'origine un mouvement de lutte pour la dépénalisation de l'avortement fondé par Simone de Beauvoir et Gisèle Halimi en juillet 1971. Aujourd'hui, c'est une organisation spécialisée dans les droits des femmes.

[433] Jacques Monod (1910-1976) est un biologiste et biochimiste français de l'Institut Pasteur de Paris, lauréat en 1965 du prix Nobel de physiologie ou médecine.

[434] Sont également cités, entre autres, à la barre, en tant que témoins de la défense : Jean Rostand (1894-1977) de l'Académie française, biologiste, Michel Rocard (1930-2016), député des Yvelines, Louis Vallon (1901-1981), député de Paris.

[435] « C'est toujours la même classe, celle des femmes pauvres, vulnérables économiquement et socialement, cette classe des sans-argent et des sans-relations qui est frappée. » Gisèle Halimi, *plaidoirie du procès de Bobigny*, Bobigny, 8 novembre 1972.

[436] « Ce que je voudrais savoir, c'est combien de Marie-Claire en France ont appris qu'elles avaient un corps, comment il était fait, ses limites, ses possibilités, ses pièges, le plaisir qu'elles pouvaient en prendre et donner ? » Gisèle Halimi, *plaidoirie du procès de Bobigny*, Bobigny, 8 novembre 1972.

[437] « La contraception, à l'heure actuelle, c'est peut-être 6% ou 8% des femmes qui l'utilisent. Dans quelles couches de la population ? Dans les milieux populaires, 1% ! » Gisèle Halimi, *plaidoirie du procès de Bobigny*, Bobigny, 8 novembre 1972.

[438] « S'il reste encore au monde un serf, c'est la femme, c'est la serve, puisqu'elle comparaît devant vous, Messieurs, quand elle n'a pas obéi à votre loi, quand elle avorte. Comparaître devant vous. N'est-ce pas déjà le signe le plus certain de notre oppression ? » Gisèle Halimi, *plaidoirie du procès de Bobigny*, Bobigny, 8 novembre 1972.

[439] Lis le texte intégral de la plaidoirie de Gisèle Halimi au procès de Bobigny : QR code n° 38. Et regarde la reconstitution présentée à la Maison du Barreau de Paris le 13 octobre 2022 : QR code n° 37.

[440] La défense de rupture est une stratégie qui consiste pour l'accusé à nier toute légitimité à l'autorité qui le juge ou à remettre en cause la compétence du juge. L'avocat Jacques Vergès (1924-2013) l'a popularisée en l'employant à plusieurs reprises, notamment lors du procès, en 1987, du criminel de guerre nazi Klaus Barbie (1913-1991) : QR code n° 91.

[441] « Regardez-vous et regardez-nous. Quatre femmes comparaissent devant quatre hommes… Et pour parler de quoi ? De sondes, d'utérus, de ventres, de grossesses, et d'avortements ! […] Ne croyez-vous pas que c'est là le signe de ce système oppressif que subit la femme ? […] Est-ce que vous accepteriez, vous, Messieurs, de comparaître devant des tribunaux de femmes parce que

vous auriez disposé de votre corps ? » Gisèle Halimi, *plaidoirie du procès de Bobigny*, Bobigny, 8 novembre 1972.

[442] Voir note n° 217.

[443] « Si l'adversaire nous défie expressément de mettre à mal un point particulier de son argumentation, mais que nous ne voyons pas grand-chose à y redire, nous devons tenter de généraliser le sujet puis l'attaquer là-dessus. » Arthur Schopenhauer, *L'art d'avoir toujours raison* (1864), Librio, 2021.

[444] « Il s'agit du genre de stratégie que l'on peut utiliser lors d'une discussion entre érudits en présence d'un public non instruit. » Arthur Schopenhauer, *L'art d'avoir toujours raison* (1864), Librio, 2021.

[445] « Dans un débat contradictoire, l'objet du désaccord est souvent très terre à terre. Il nous faut trancher une question concrète [...] Nous gagnerions en efficacité, toutefois, si nous parvenions à prendre de la hauteur, à amplifier les enjeux de la discorde, jusqu'à conférer à notre position des implications universelles. Il suffit, pour ce faire, d'enrôler à notre côté une valeur cardinale, dans laquelle nos auditeurs se reconnaîtront. [...] Tandis que [notre adversaire] en est réduit à défendre sa petite solution étriquée, nous combattons, nous, pour faire triompher un idéal. » Clément Viktorovitch, *Le pouvoir rhétorique*, Éditions du Seuil, 2021.

[446] Le verdict est le suivant : Marie-Claire est relaxée, sa mère, Michèle Chevalier, est condamnée à 500 francs d'amende avec sursis (peine invalidée trois ans plus tard), Lucette Duboucheix et Renée Sausset, poursuivies pour complicité, sont relaxées, et Micheline Bambuck est condamnée à un an de prison avec sursis pour avoir pratiqué l'avortement. Ce verdict, jugé clément, compte tenu des peines encourues, ouvre la porte à la loi sur l'interruption volontaire de grossesse défendue par Simone Veil (1927-2017), ministre de la Santé, le 26 novembre 1974 devant l'Assemblée nationale et adoptée le 17 janvier 1975 : QR code n° 89 (vidéo) et QR code n° 90 (texte).

[447] L'aïkido (de *aï*, concordance, harmonie, *ki*, énergie, et *do*, la voie) est un art martial japonais, principalement à mains nues, fondé par Morihei Ueshiba entre 1925 et 1969, et basé sur l'exploitation de la force de l'adversaire.

[448] Morihei Ueshiba (1883-1969) est un maître d'arts martiaux japonais, fondateur de l'aïkido.

[449] Eduard Alexander Felix Kersten (1898-1960) est un masseur et médecin en thérapie manuelle finlandais puis suédois. Il compte parmi sa patientèle de hauts dignitaires des Pays-Bas, de Suisse, d'Italie, d'Autriche et d'Allemagne, dont la famille royale des Pays-Bas.

[450] Obersturmbannführer est un grade dans la SA et la SS équivalent à lieutenant-colonel. Les plus connus sont Adolf Eichmann (1906-1962), chargé des Affaires juives et organisateur de la déportation dans le cadre de la Solution finale et Rudolf Höss (1900-1947), commandant des camps de concentration et d'extermination d'Auschwitz-Birkenau de 1940 à 1944.

[451] Heinrich Himmler (1900-1945) est un homme d'État et un militaire allemand. Il est l'un des plus hauts dignitaires du Troisième Reich. Il dirige la SS et toutes les polices allemandes, dont la Gestapo. À partir de 1943, il est ministre de l'Intérieur et commandant en chef de l'Armée de terre de réserve. En tant que « Commissaire du Reich pour le renforcement de la race allemande », il est l'artisan principal de la Shoah ; tous les camps de concentration et d'extermination sont placés sous son autorité.

[452] Himmler souffre de violentes douleurs dorsales que même la morphine ne parvient pas à faire disparaître. Seuls les massages de Kersten le soulagent.

[453] La Schutzstaffel (« escadron de protection », en français), désignée par son sigle SS, est l'une des principales organisations du IIIe Reich. Dirigée pratiquement du début à la fin par Heinrich Himmler, elle joue un rôle prépondérant dans le plan d'extermination des Juifs.

[454] La Gestapo, acronyme tiré de l'allemand *Geheime Staatspolizei* qui signifie « Police secrète d'État », est la police politique du IIIe Reich. Elle peut emprisonner ou interner en camp de concentration quiconque selon son bon vouloir, sans limites de durée, sans chef d'accusation et sans procès. À partir de 1939, elle est sous l'autorité de Heinrich Himmler, chef de toutes les polices.

[455] On estime que grâce à ses massages sur Himmler, Felix Kersten a réussi à sauver des camps de la mort 100 000 prisonniers, dont 60 000 Juifs.

[456] La notion de « *Unique Selling Proposition* » (USP), que l'on peut aussi traduire par « argument publicitaire unique » ou « argument clef de vente », est attribuée à Rosser Reeves (1910-1984), publicitaire américain, pionnier de la publicité télévisée. Il développe ce concept dans les années 1940 et 1950 pour expliquer une méthode qui permet à une marque ou à un produit de se démarquer de ses concurrents. Selon Reeves, l'USP doit mettre en avant un bénéfice unique que les consommateurs ne peuvent obtenir qu'en choisissant le produit ou le service en question, ce qui le distingue clairement sur le marché.

[457] Le Lycée est l'école philosophique fondée par Aristote à Athènes en 335 av. J.-C. On connaît aussi cette école sous le nom d'école péripatéticienne, car elle dispose d'un promenoir planté d'arbres, appelé en grec ancien *péripatos*, « promenade ». S'y trouvaient aussi : un grand jardin, un Musée (sanctuaire des Muses), un autel, une bibliothèque, des salles de conférences et plusieurs demeures. Le Lycée cesse ses activités en 47 av. J.-C. Ses vestiges sont révélés en 1996 lors de travaux.

[458] Le terme de « péripatéticien » désigne les élèves du Lycée et les philosophes qui en sont issus. Le mot vient du grec *péripatos*, « promenade » , car l'enseignement au Lycée est dispensé le plus souvent en marchant, *peripatetikós* (περιπατητικός) signifiant « qui aime se promener ».

[459] Aristote (384-322 av. J.-C.) est un philosophe et polymathe grec. Il est, avec Platon, dont il a été le disciple à l'Académie, l'un des penseurs les plus influents de l'Occident. Il a traité presque tous les domaines de connaissance de son temps. Le personnage d'Aristote est présent dans le film *Alexandre* (2004) d'Oliver Stone, joué par Christopher Plummer.

[460] L'ethos (du grec ancien ἦθος, « coutume ») désigne d'abord le lieu familier, la demeure d'un individu, mais aussi le caractère habituel, la manière d'être, l'ensemble des habitudes d'une personne. Il se rapproche du comportement. En rhétorique, l'ethos est l'image que l'orateur donne de lui-même à travers son discours. Il s'agit essentiellement pour lui d'établir sa crédibilité afin de gagner la confiance de l'auditoire. Aristote parle de moralité et voit dans le bon sens, la vertu et la bienveillance des éléments qui favorisent la confiance en l'orateur.

[461] Le pathos vient du mot grec ancien πάθος qui signifie « souffrance, passion, affect, douleurs ». Le pathos fait appel à l'émotion du public dans le but de l'amener à changer d'opinion ou de le faire réagir.

[462] Le logos (du grec ancien λόγος « parole ») désigne la raison, la parole, le discours, l'énoncé. En rhétorique, le logos relève de la démonstration, du raisonnement et de l'argumentation.

[463] Alexandre le Grand (356-323 av. J.-C.), ou Alexandre III, est roi de Macédoine de 336 jusqu'à sa mort. Il a pour précepteur Aristote de 342 à 340 av. J.-C. Alexandre est l'un des plus grands conquérants de l'Histoire, prenant posses-

sion de l'immense Empire perse et poussant jusqu'à la vallée de l'Indus (Pakistan actuel).

[464] Voir note n° 457.

[465] M. Oppezzo et D. L. Schwartz, « Give Your Ideas Some Legs: The Positive Effect of Walking on Creative Thinking », *Journal of Experimental Psychology: Learning, Memory, and Cognition*, vol. 40, n° 4, p. 1142-1152, 2014.

[466] Kirk Erickson, et al., « Exercise training increases size of hippocampus and improves memory », *Proceedings of the National Academy of Sciences of the United States of America*, vol 108, n° 7, p. 3017-3022.

[467] Voir note n° 33.

[468] Voir note n° 34.

[469] Voir note n° 35.

[470] Voir note n° 36.

[471] Voir note n° 37.

[472] Le jeu d'échecs est un sport reconnu en France par le ministère de la Jeunesse et des Sports depuis l'arrêté du 19 janvier 2000.

[473] Garry Kimovitch Kasparov, né en 1963, est un joueur d'échecs soviétique puis russe, et croate depuis 2014. Champion du monde de 1985 à 2000, il est considéré comme l'un des meilleurs joueurs de tous les temps.

[474] Voir note n° 459.

[475] Voir note n° 91.

[476] Voir note n° 26.

[477] Fondée en 1924, Toastmasters International est une organisation à but non lucratif dont le but est d'aider ses adhérents à perfectionner leur leadership et leur éloquence. Les clubs qui composent l'organisation se réunissent une à quatre fois par mois, offrant à leurs membres la possibilité de prendre la parole en chaque occasion, notamment en prononçant des discours préparés. Site web : toastmasters.org.

[478] Malcolm Gladwell, né en 1963, est un journaliste, écrivain et sociologue britannique.

[479] Malcolm Galdwell, *Les prodiges*, Transcontinental, 2013.

[480] Bien que Malcolm Gladwell ait popularisé la théorie des 10 000 heures, elle est basée sur des recherches antérieures, notamment celles de Karl Anders Ericsson (1947-2020), un psychologue suédois qui a étudié la performance experte dans divers domaines, comme la médecine, la musique, le sport et les échecs. Ce qui est crucial dans cette théorie n'est pas simplement la quantité de pratique, mais la qualité. La notion de « pratique délibérée » se réfère à une pratique structurée et ciblée avec l'intention d'améliorer la performance, plutôt qu'à une simple répétition ou une pratique non dirigée. L'ouvrage le plus populaire de Karl Anders Ericsson est *Peak: Secrets from the New Science of Expertise*, Eamon Dolan Books Paper, 2017.

[481] Nestor est le roi de Pylos. Réputé pour sa sagesse, il est cité dans l'*Iliade* et dans l'*Odyssée* de Homère. Il apparaît dans le film *Troie* (2004) de Wolfgang Petersen avec Brad Pitt dans le rôle d'Achille et John Shrapnel dans celui de Nestor.

[482] Troie est une cité antique entourée de remparts au bord de la mer Égée et située à l'entrée du détroit des Dardanelles, qui relie la mer Égée à la mer de Marmara. Ses vestiges se trouvent sur le territoire de l'actuelle Turquie.

[483] Ménélas est le roi de Sparte, le frère d'Agamemnon, et l'époux d'Hélène. Il est l'un des héros achéens de la guerre de Troie.

[484] Tyndare est le roi de Sparte, époux de Léda et père d'Hélène (Zeus en est en fait le véritable géniteur, ayant séduit Léda, déguisé en cygne). Tous les rois et fils de roi grecs veulent prendre Hélène pour femme. Mesurant le risque d'un embrasement de la Grèce, Ulysse conseille à Tyndare de faire prêter à tous un serment : celui de venir, tous ensemble, au secours de l'époux d'Hélène, qui que soit celui qu'elle aura choisi, s'il venait à ce qu'elle lui soit enlevée. Hélène ayant convolé avec Ménélas, Tyndare lègue à ce dernier le royaume de Sparte.

[485] Priam est le roi de Troie, père d'Hector et de Pâris.

[486] Achille est un héros de la Guerre de Troie, fils du roi de Phthie en Thessalie.

[487] Les Myrmidons constituent un peuple de Grèce. Leur ancêtre éponyme est Myrmidon, un roi de Phthie. Ils sont considérés comme de puissants soldats pouvant, à eux seuls, renverser le cours d'une bataille. Les Myrmidons prennent part à la guerre de Troie sous les ordres d'Achille.

[488] À la suite d'un différend avec Agamemnon, Achille se retire du combat.

[489] La Guerre de Troie oppose les Grecs et les Troyens. Le conflit est déclenché par l'enlèvement d'Hélène, épouse de Ménélas, roi de Sparte, par le prince troyen Pâris, fils de Priam. À la demande du roi humilié, son frère aîné Agamemnon, roi de tous les rois grecs, rassemble une armée pour attaquer Troie et ramener Hélène. C'est pour lui l'occasion d'élargir son territoire.

[490] D'autant plus qu'Achille s'est assuré auprès de Zeus que les Grecs seraient incapables de gagner sans lui.

[491] Agamemnon est le roi de Mycènes et le frère aîné de Ménélas. Durant la guerre de Troie, il assure le commandement de l'armée achéenne.

[492] Briséis est la reine de Lyrnessos et la nièce de Priam. À la chute de sa ville, elle fait partie du butin d'Achille qui en tombe amoureux.

[493] Lyrnessos est une ville de la région de Troie.

[494] Contraint, pour apaiser les dieux, de rendre l'une de ses captives, fille d'un prêtre d'Apollon, Agamemnon se rembourse en confisquant Briséis dont Achille s'est épris.

[495] Ulysse, roi d'Ithaque, est un héros de la Guerre de Troie.

[496] Hélène est la fille de Zeus et de Léda. D'après la légende, elle est la plus belle femme du monde, surpassée seulement par la déesse Aphrodite. Elle est mariée à Ménélas, roi de Sparte, avant d'être enlevée par Pâris qui en fait sa femme.

[497] Pâris est le deuxième fils de Priam, roi de Troie.

[498] Pédase est une ville de la région de Troie.

[499] Le terme « achéen » désigne l'ensemble des Grecs unis sous le commandement d'Agamemnon dans la guerre contre Troie.

[500] Selon le rite funéraire traditionnel grec, une obole (pièce de monnaie) était placée dans la bouche des défunts pour leur permettre de payer au passeur Choron, la traversée du Styx vers le royaume d'Hadès, dieu des Enfers. Ceux qui ne pouvaient payer étaient condamnés à errer cent ans sur les bords du fleuve.

[501] La première évocation de la Guerre de Troie se trouve dans l'*Iliade* et l'*Odyssée* de Homère, les deux premières œuvres de la littérature occidentale (VIIIe siècle av. J.-C.)

[502] Crannon : ville de Thessalie, en Grèce.

[503] Épinicie : dans la Grèce antique, poème lyrique composé spécialement à la gloire d'un athlète vainqueur, et chanté par un chœur à son retour de l'épreuve.

[504] Simonide de Céos (556-467 av. J.-C.) est un poète lyrique grec. Vainqueur de nombreux concours (notamment face à Eschyle), apprécié de Platon et d'Aristote, il est le premier poète à faire payer ses vers et l'auteur du premier traité sur la mémoire.

[505] Les Dioscures désignent, dans la mythologie grecque, les jumeaux Castor (dompteur de chevaux) et Pollux (pugiliste).

[506] Élisabeth II (1926-2022) est la reine du Royaume-Uni de Grande-Bretagne et d'Irlande du Nord et des autres royaumes du Commonwealth de 1952 à sa mort. La longévité de son règne (plus de 70 ans) l'amène à connaître quinze Premiers ministres britanniques différents. Tenue à la discrétion sur le plan politique, la reine ne donne que peu de discours. Sa vie est évoquée dans *The Queen* de Stephen Frears avec Helen Mirren.

[507] Écoute le discours d'entrée en guerre de George VI : QR code n° 31.

[508] Iouri Vladimirovitch Andropov (1914-1984) est un homme d'État soviétique, secrétaire général du Parti communiste de 1982 jusqu'à sa mort.

[509] Version intégrale du discours annonçant la troisième guerre mondiale à lire en français : QR code n° 21.

[510] La Macworld Conference & Expo est un salon commercial consacré à la plateforme Macintosh de la marque Apple. Elle se tient en général lors de la deuxième semaine du mois de janvier au George Moscone Center de San Francisco.

[511] Voir note n° 67.

[512] Steve Wozniak, né en 1950 est un informaticien, inventeur, professeur d'informatique et électronicien américain. Cofondateur de la société Apple Computer avec Steve Jobs et Ronald Wayne, et concepteur des premiers Apple, il est l'un des pionniers de l'industrie micro-informatique.

[513] Si tu veux écouter l'anecdote de Steve Jobs : QR code n° 42.

[514] « Pose la question à Lewis. »

[515] La formule AIDA est évoquée dans un film de James Foley : *Glengarry* (titre original : *Glengarry Glen Ross*), 1992.

[516] Elias St. Elmo Lewis (1872-1948) est un publicitaire américain, concepteur du modèle AIDA utilisé en marketing. Il est intronisé au Temple de la renommée de la publicité (Advertising Hall of Fame) à titre posthume, en 1951.

[517] William James (1842-1910) est un psychologue et philosophe américain. Frère aîné du romancier Henry James (1843-1916), il est souvent présenté comme le père de la psychologie aux États-Unis.

[518] Elias St Elmo Lewis, *Financial Advertising* (1902), Garland, 1985.

[519] *Ibid.*

[520] Cette théorie (Robert Lavidge et Gary Steiner, 1961) postule qu'un consommateur passe, dans son processus d'achat, par une suite d'états cognitifs, émo-

tionnels et comportementaux. Dans le premier état, le consommateur est conscient puis sachant ; dans le deuxième, il aime d'abord et préfère ensuite ; dans le troisième, il est convaincu et conclut l'achat. Cette suite d'effets se traduit chez certains théoriciens par : « Apprendre, ressentir, agir. »

[521] Écoute le discours de George Washington : QR code n° 93. Texte intégral : QR code n° 94.

[522] James Strom Thurmond (1902-2003) est un avocat, militaire et homme politique américain, membre du Parti démocrate de 1933 à 1964, puis du Parti républicain jusqu'à sa mort. Il est notamment gouverneur de Caroline du Sud de 1947 à 1951, candidat à la présidence des États-Unis en 1948 dans le but de défendre la ségrégation raciale, et sénateur au Congrès des États-Unis de 1955 à 2003 pour la Caroline du Sud.

[523] Il s'agit du Civil Rights Act de 1957.

[524] En l'absence de définition internationalement reconnue, le terme « armes de destruction massive » désigne généralement les plus désastreuses des armes non conventionnelles (les armes conventionnelles étant les armes de guerre conformes aux conventions internationales qui régissent les conflits armés entre pays).

[525] Colin Luther Powell (1937-2021) est un général et homme politique américain. Il est chef d'État-Major des armées entre 1989 et 1993, puis secrétaire d'État de 2001 à 2005 dans l'administration du président George W. Bush.

[526] Le Conseil de sécurité des Nations unies est l'organe exécutif de l'Organisation des Nations unies (ONU). Il est défini comme ayant « la responsabilité principale du maintien de la paix et de la sécurité internationale » et dispose pour cela de pouvoirs spécifiques tels que l'établissement de sanctions internationales et l'intervention militaire. Certaines de ses décisions, appelées résolutions, ont force exécutoire. Il est composé de quinze membres : cinq permanents, disposant d'un droit de veto (Chine, États-Unis, France, Royaume-Uni, Russie) et dix, élus pour une durée de deux ans.

[527] Saddam Hussein Abd al-Majid al-Tikriti (1937-2006), communément appelé Saddam Hussein, est un homme d'État irakien. Il est le 5e président de la République d'Irak de 1979 à 2003. Jugé et condamné par le Tribunal spécial irakien pour génocide, crime contre l'humanité et crime de guerre, il est exécuté par pendaison le 30 décembre 2006 à Bagdad.

[528] Le terme « anthrax » désigne à la fois la maladie du charbon et la bactérie *Bacillus anthracis* qui en est responsable. Les premières utilisations du *Bacillus anthracis* comme arme bactériologique remontent à la Première Guerre mondiale. La dispersion de ses spores dans l'air entraîne le développement de la forme respiratoire de la maladie du charbon, mortelle dans un cas sur deux.

[529] Des attaques à l'enveloppe piégée débutent le 18 septembre 2001, soit sept jours après les attentats du 11 septembre 2001. Les courriers, contenant le *Bacillus anthracis*, sont envoyés à cinq bureaux de grands médias et à deux sénateurs américains. Bilan : cinq morts et vingt-deux malades.

[530] L'UNSCOM, United Nations Special Commission (Commission spéciale des Nations unies, en français) est une cellule d'inspection créée pour s'assurer du respect par l'Irak des politiques de production et d'utilisation d'armes de destruction massive après la guerre du Golfe.

[531] « Nous avons des preuves de l'existence de ces armes. Ce que nous n'avons pas, c'est la preuve que l'Irak les a détruites ou l'endroit où elles se trouvent. C'est ce que nous attendons toujours. » Colin Powell, *Intervention à l'ONU*, 2003.

[532] « Rien n'indique que Saddam Hussein ait abandonné son programme d'armement nucléaire. Au contraire, nous avons la preuve, depuis plus d'une décennie, qu'il reste déterminé à acquérir des armes nucléaires. » *Ibid.*

[533] « Mais ce que je veux porter à votre attention aujourd'hui, c'est le lien potentiellement beaucoup plus sinistre entre l'Irak et le réseau terroriste Al-Qaïda, un lien qui combine des organisations terroristes classiques et des méthodes modernes d'assassinat. L'Irak abrite aujourd'hui un réseau terroriste meurtrier dirigé par Abou Moussab al-Zarqaoui, associé et collaborateur d'Oussama ben Laden et de ses lieutenants d'Al-Qaïda. » *Ibid.*

[534] Al-Qaïda est une organisation terroriste islamiste fondée en 1987 par le cheikh Abdullah Yusuf Azzam et son élève Oussama ben Laden. Al-Qaïda est responsable des attentats du 11 septembre 2001 aux États-Unis, du 16 mai 2003 à Casablanca, du 11 mars 2004 à Madrid, et du 7 juillet 2005 à Londres.

[535] « L'utilisation par Saddam Hussein de gaz moutarde et de gaz neurotoxiques contre les Kurdes en 1988 a été l'une des atrocités les plus horribles du XXe siècle. [...] Il a également mené un nettoyage ethnique contre les Irakiens chiites et les Arabes des marais. » *Ibid.*

[536] Le 11 septembre 2001, quatre attentats-suicides islamistes, dont deux sur les tours jumelles du World Trade Center à Manhattan, sont perpétrés aux États-Unis, pour un bilan de 2 977 morts et 6 291 blessés. L'opération est revendiquée par Al-Qaïda.

[537] Le discours de Colin Powell le 5 février 2003 devant le Conseil de Sécurité de l'ONU : QR code n° 74. Le texte intégral : QR code n° 75.

[538] Toute la lumière sur les mensonges du gouvernement américain de George W. Bush au sujet de la présence d'armes de destruction massive en Irak : QR code n° 01.

[539] La réponse de Dominique de Villepin, ministre des Affaires étrangères français le 14 février 2003 devant le Conseil de sécurité de l'ONU : QR code n° 92.

[540] *Le Christ et la femme adultère* est une huile sur toile retrouvée parmi le butin accumulé par Göring et attribuée à Johannes Vermeer jusqu'en 1947.

[541] Hermann Göring (1893-1946) est un militaire, homme politique et criminel de guerre allemand, ministre de l'Aviation et président du Reichstag durant le Troisième Reich.

[542] L'équivalent de 6,38 millions d'euros d'aujourd'hui.

[543] Johannes Vermeer (1632-1675) est un peintre néerlandais. Sa production connue est estimée à 37 tableaux, parmi lesquels *La jeune fille à la perle* et *La laitière* sont les plus célèbres.

[544] Dirk Hannema (1895-1984) est un marchand d'art, collectionneur et critique d'art, directeur du Musée Boijmans à Rotterdam. Sa conduite pendant l'occupation allemande et ses erreurs d'attribution en matière de tableaux, notamment dans l'affaire van Meegeren, lui valent de tomber en disgrâce à la Libération.

[545] Le musée Boijmans Van Beuningen est le musée de peinture et beaux-arts de Rotterdam. Créé en 1849, il abrite des œuvres flamandes et italiennes des XVe et XVIe siècles et du siècle d'or néerlandais (1584-1702), ainsi que des tableaux de peintres récents, comme Gauguin, Signac et Van Gogh.

[546] Delft est une ville des Pays-Bas où Johannes Vermeer tenait son atelier de peinture.

[547] Han van Meegeren introduit de la bakélite dans ses mélanges de pigments afin de simuler le durcissement des siècles. Après avoir verni ses toiles de ré-

cupération d'époque, il les fait sécher au four, puis les enroule autour d'un bâton pour provoquer des craquelures. Ensuite, il remplit les craquelures d'encre noire pour imiter l'accumulation de poussière. Enfin, il monte les toiles sur d'authentiques châssis du XVIIe siècle.

[548] Ce tableau peint en prison par Han van Meegeren est connu sous le nom de *Jésus parmi les docteurs*. L'œuvre a été vue pour la dernière fois en 1997 à la Foire européenne d'œuvres d'art de Maastricht (Pays-Bas) et vendue sous le nom de van Meegeren pour 165 000 €.

[549] Les témoins étaient : un expert de l'œuvre de Vermeer, un photographe et quatre policiers.

[550] Han van Meegeren (1889-1947), né Henricus Antonius van Meegeren, est un peintre, restaurateur d'œuvres d'art et faussaire néerlandais. En tant que faussaire le plus génial du XXe siècle, il se spécialise sur Vermeer (11 tableaux sur les 15 qui sont connus de sa production). Cette activité lui aurait rapporté 30 millions de dollars. Son escroquerie est l'objet du film *Le Dernier Vermeer* (2019) de Dan Friedkin avec Guy Pearce.

[551] Han van Meegeren est finalement condamné à un an d'emprisonnement pour faux, peine qu'il n'accomplira pas, car il meurt d'une crise cardiaque deux semaines après son incarcération. À sa mort, ses faux classiques, comme ses peintures personnelles prennent de la valeur, au point que, comble d'ironie, des faux Meegeren se retrouvent sur le marché !

[552] En français : « Montre ! Ne raconte pas ! »

[553] Khosro II est empereur de Perse de 590 à 628.

[554] « Shahanshah », qui signifie « Roi des rois », est le titre utilisé pour désigner le souverain de l'Empire perse.

[555] Phocas (547-610) est un empereur byzantin qui règne de 602 à 610.

[556] Maurice (539-602) est un empereur byzantin qui règne de 582 à 602.

[557] Maurice et sa famille, ainsi que des dignitaires, sont exécutés, leurs corps jetés dans le Bosphore, et la tête de Maurice exhibée devant l'armée.

[558] Khosro II entame la guerre contre l'Empire byzantin en 603.

[559] Les Sassanides représentent la dernière dynastie de l'empire perse avant la conquête arabo-musulmane au milieu du VIIe siècle. Cette dynastie dure de 224 à 651.

[560] Michelangelo Merisi da Caravaggio (1571-1610), francisé en « le Caravage », est un peintre italien qui révolutionne la peinture du XVIIe notamment par son usage fréquent du clair-obscur.

[561] Rembrandt Harmenszoon van Rijn (1606-1669), dit Rembrandt, est un peintre et graveur néerlandais, l'un des peintres les plus importants de l'École hollandaise du XVIIe siècle.

[562] Le clair-obscur, dans l'art pictural, est un effet de contraste entre zones claires et zones sombres.

QR CODES

 01. AJ+, *Comment les États-Unis ont envahi l'Irak sur un mensonge*, 19.03.2023, vidéo.

 02. Yasser Arafat, *Discours aux Nations Unies*, Genève, 13.12.1988, texte vf.

 03. Louis Armstrong, *Hotter Than That*, Louis Armstrong and His Hot Five, 1926, audio.

 04. Neil Armstrong, *Un petit pas pour l'homme*, Lune, 21.07.1969, vidéo.

 05. François Bayrou, *Interview*, M6, France 2, date non précisée, vidéo.

 06. Joe Biden, *Interview publique*, Manchester (NH), 05.02.2020, vidéo.

 07. Emily Blunt, *Heads Up!*, The Ellen Show, 2014, vidéo.

 08. Emily Blunt, *Interview*, People TV, 2018, vidéo.

 09. Kenneth Branagh, *Henri V*, doublage Gérard Depardieu, 1989, vidéo vf.

 10. Challenger, *Conférence de presse*, 13.12.1985, vidéo.

 11. Challenger, *Explosion de la navette*, Centre spatial Kennedy, 28.01.1986, vidéo.

 12. Jacques Chirac, *Notre maison brûle*, Johannesburg, 02.09.2002, vidéo.

 13. Jacques Chirac, *Notre maison brûle*, Johannesburg, 02.09.2002, texte.

 14. Winston Churchill, *Le rideau de fer*, Fulton (MO), 05.03.1946, vidéo.

 15. Winston Churchill, *Discours à la Chambre des Communes*, 11.11.1947, texte.

 16. André Comte-Sponville, *Le bonheur au travail*, Genève, 21.01.2016, vidéo.

 17. Élisabeth Iʳᵉ, *Discours aux troupes*, Tilbury, 19.08.1588, texte vo.

 18. Élisabeth II, *L'heure des enfants*, Château de Windsor, 13.10.1940, vidéo.

 19. Élisabeth II, *L'heure des enfants*, Château de Windsor, 13.10.1940, texte vo.

 21. Élisabeth II, *La 3ᵉ Guerre mondiale*, Document secret, Londres, 1984, texte.

 23. Ella Fitzgerald, « How High The Moon », *Live at Mister Kelly's*, Chicago, 1958, audio.

 25. Charles de Gaulle, *Appel du 22 juin*, Londres, 18.06.1940, audio et texte.

 27. Charles de Gaulle, *Paris libéré* (extrait), Paris, 25.08.1944, vidéo.

 29. Charles de Gaulle, *Paris libéré*, Paris, 25.08.1944, texte.

 31. George VI, *Déclaration de guerre*, Londres, 03.09.1939, vidéo.

 33. John Gillespie Magee Jr., *High Flight*, août 1941, manuscrit.

 35. Jean-Pierre Gorges, *Réponse aux détracteurs*, Chartres, mai 2023, vidéo.

 37. Gisèle Halimi, *Reconstitution du procès de Bobigny*, Paris, 13.10.2022, vidéo.

 20. Élisabeth II, *L'heure des enfants*, Château de Windsor, 13.10.1940, texte fr.

 22. Eminem, « The Real Slim Shady », *The Marshall Mathers LP*, 23.05.2000, vidéo.

 24. Charles de Gaulle, *Appel du 18 juin*, Londres, 18.06.1940, texte.

 26. Charles de Gaulle, *Comparaison des appels*, Londres, 1940, texte.

 28. Charles de Gaulle, *Paris libéré*, Paris, 25.08.1944, audio.

 30. Charles de Gaulle, *Appel du 18 juin – Reconstitution*, Paris, janvier 2023, vidéo.

 32. George VI, *Déclaration de guerre*, Londres, 03.09.1939, texte bilingue.

 34. Jean-Pierre Gorges, *78ᵉ anniversaire de la victoire de 1945*, Chartres, 08.05.2023, vidéo.

 36. Gisèle Halimi, *Interview*, Bobigny, octobre 1972, vidéo.

 38. Gisèle Halimi, *Plaidoirie du procès de Bobigny*, Bobigny, 08.11.1972, texte.

 39. Dolores Ibárruri, *¡No Pasaran!*, Madrid, 19.07.1936, texte.

 40. Samuel L. Jackson, *Gala*, American Institute for Stuttering, 2013, vidéo.

 41. Steve Jobs, *Présentation du 1er iPhone*, San Francisco, 09.01.2007, vidéo.

 42. Steve Jobs, *Panne de télécommande*, San Francisco, 09.01.2007, vidéo.

 43. Louis Jouvet, *De Molière à Giraudoux*, Boston, 24.10.1962, audio.

 44. John F. Kennedy, *Convention démocrate*, Los Angeles, 15.07.1960, vidéo.

 45. John F. Kennedy, *Discours d'investiture*, Washington, 20.01.1961, vidéo.

 46. John F. Kennedy, *Discours d'investiture*, Washington, 20.01.1961, texte bilingue.

 47. John F. Kennedy, *Sur la propagande*, Association des éditeurs, 27.04.1961, audio.

 48. John F. Kennedy, *Un homme sur la lune*, Congrès américain, 25.05.1961, vidéo.

 49. John F. Kennedy, *Sur l'état de l'Union*, Congrès américain, 11.01.1962, vidéo.

 50. John F. Kennedy, *We choose to go to the moon*, Université de Rice, 12.09.1962, vidéo.

 51. John F. Kennedy, *Sur la crise de Cuba*, Washington, 22.10.1962, vidéo.

 52. John F. Kennedy, *Coopération spatiale*, Nations Unies, 20.09.1963, vidéo.

 53. John F. Kennedy, *Peace*, Université américaine, 10.06.1963, vidéo.

 54. John F. Kennedy, *Sur les droits civiques*, télévision, 11.06.1963, vidéo.

 55. John F. Kennedy, *Ich bin ein Berliner*, Berlin-Ouest, 26.06.1963, vidéo.

 56. Martin Luther King, *I Have a Dream*, Washington, 28.08.1963, vidéo.

 57. Martin Luther King, *I Have a Dream*, Washington, 28.08.1963, texte vo.

 58. Martin Luther King, *I Have a Dream*, Washington, 28.08.1963, texte vf.

 59. Abraham Lincoln, *Discours de Gettysburg*, 19.11.1963, texte vo.

 60. Abraham Lincoln, *Discours de Gettysburg*, 19.11.1963, texte vf.

 61. Malcolm X, *Dernier discours*, New York, 15.02.1965, vidéo.

 62. Christa McAuliffe, *Interview à Today*, 1985, vidéo.

 63. Bobby McFerrin, *Don't Worry Be Happy (Live)*, date inconnue, vidéo.

 64. Bobby McFerrin, *Don't Worry Be Happy*, 1988, vidéo.

 65. Patrick Modiano, *Comment j'écris*, La Grande Librairie, 09.10.2014, vidéo.

 66. Patrick Modiano, *Conférence Nobel*, Stockholm, 07.12.2014, vidéo.

 67. Patrick Modiano, *Conférence Nobel*, Stockholm, 07.12.2014, texte.

 68. Marilyn Monroe, *Interview*, 1960, vidéo.

 69. Nixon vs Kennedy, *Premier débat présidentiel*, Chicago, 26.09.1960, vidéo.

 70. Laurence Olivier, *Henry V*, 1944, vidéo vo.

 71. Périclès, *Oraison funèbre*, Athènes, 430 av. J.-C, lecture par Respublica Universalis.

 72. Périclès, *Oraison funèbre*, Athènes, 430 av. J.-C, texte intégral bilingue.

 73. Philippe Pétain, *Il faut cesser le combat*, Bordeaux, 17.06.1940, audio et texte.

 74. Colin Powell, *L'échec du désarmement de l'Irak*, New York, 05.02.2003, vidéo.

 75. Colin Powell, *L'échec du désarmement de l'Irak*, New York, 05.02.2003, texte vo.

 76. Quintilien, *Institution oratoire*, trad. C.V. Ouizille, Panckoucke, 1829, texte.

 77. Quintilien, *Institution oratoire*, trad. M. Nisard, Firmin-Didot, 1875, texte.

 78. Quintilien, *Institution oratoire*, livre VI, introduction, Firmin-Didot, 1875, texte.

 79. Ronald Reagan, *Second débat présidentiel*, Kansas City (MO), 21.10.1984, vidéo.

 80. Ronald Reagan, *Explosion de Challenger*, Washington, 28.01.1986, vidéo.

 81. Ronald Reagan, *Explosion de Challenger*, Washington, 28.01.1986, texte vo.

 82. Scatman John, *Scatman (ski-ba-bop-ba-dop-bop)*, 30.11.1994, vidéo.

 83. Jerry Seinfeld, *I'm Telling You For The Last Time*, New York, 09.08.1998, intégral.

 84. Jerry Seinfeld, *I'm Telling You For The Last Time*, New York, 09.08.1998, extrait.

 85. Ed Sheeran, *Gala*, American Institute for Stuttering, 2015, vidéo.

 86. Stuttering Foundation, *Les bègues célèbres*, texte en anglais.

 87. Margaret Thatcher, *Sa voix avant et après coaching*, 1960-1983, vidéo.

 88. Greta Thunberg, *How Dare You?*, ONU, New York, 23.09.2019, vidéo.

 89. Simone Veil, *Projet de loi sur l'IVG*, Assemblée nationale, 26.11.1974, vidéo.

 90. Simone Veil, *Projet de loi sur l'IVG*, Assemblée nationale, 26.11.1974, texte.

 91. Jacques Vergès, *Plaidoirie du procès Barbie*, Lyon, juillet 1987, vidéo.

 92. Dominique de Villepin, *La guerre : sanction d'un échec*, New York, 14.02.2003, vidéo.

 93. George Washington, *Discours d'adieu*, 17.09.1796, audio.

 94. George Washington, *Discours d'adieu*, 17.09.1796, texte.

 95. Barry White, « Can't Get Enough Of Your Love, Babe », *Can't Get Enough*, 1974, audio.

 96. Bruce Willis, *Gala*, American Institute for Stuttering, 06.06.2016, vidéo.

 97. Malala Yousafzai, *Malala Day*, New York, 12.07.2013, vidéo.

INDEX

Règle des trois : 22
Repartie : 44
Respiration : 30
Rhétorique : 11, 16

Seinfeld, Jerry : 155:278, 155:279
Sermocination : 163:376
Shakespeare, William : 18
Silences : 38
Simonide de Céos : 114
Simpson, Don : 48
Socrate : 26
Statistiques : 90
Storytelling : 20
Style : 136:35

Thespis : 32
Thatcher, Margaret : 36
Théâtre : 18, 32
Tisias : 11, 133:2
Thunberg, Greta : 96
Thurmond, Strom : 124
Toastmasters : 170
Touéry, Pierre-Fleurus : 100
Triade : 22

Valeurs : 84, 90, 102
Vendre : 48, 122
Villepin, Dominique de : 174:539
Virelangue : 156:294
Voix : 30, 32, 34, 36
Vraisemblance : 108, 128
Vulnérabilité : 72

Yousafzai, Malala : 46

Télécharge
ton BONUS

3 histoires inédites offertes

SCANNE le
QR code

Crédits images. Couverture : Steve Jobs, © Matthew Yohe, 2010 ; Margaret Thatcher, © Terence Donovan, 1996 ; Buste d'Aristote d'après Lysippse, © Jastrow, 2006 ; Greta Thunberg, © Vogler, 2022 ; Charles de Gaulle, © Archives nationale, britanniques, 1945. Intérieur : Mizkit / Freepik ; Marie-Lan Nguyen ; Ektezy3 / Freepik ; Designer Things / Freepik ; Zao4nik / Freepik.

BIBLIOGRAPHIE

ANDERSON Chris, *Parler en public*, Flammarion, 2017.
AQUIEN Michèle et MOLINIÉ Georges, *Dictionnaire de rhétorique et de poétique*, Le Livre de Poche, 1996.
ARISTOTE, *Poétique* (vers 335 av. J.-C.), Le Livre de Poche, 1990.
ARISTOTE, *Rhétorique* (329-323 av. J.-C.), Le Livre de Poche, 1991.
ARON Matthieu, *Les grandes plaidoiries des ténors du barreau*, Pocket, 2013.
ATKINSON Max, *Our Masters'Voices*, Routledge, 1984.
BAH Éric, *L'Intégral du Discours*, Koan, 2022.
BAH Éric, *La Mécanique du Discours*, Diateino, 2022.
BAH Éric, *La Mise en Scène du Discours*, Koan, 2023.
BATTISTINI Yves, *Empédocle, Légende et œuvre*, Imprimerie nationale, 1997.
BOUTIN Christophe, *Les grands discours du XXe siècle*, Flammarion, 2009.
BROQUET Hervé, et al., *Les 100 discours qui ont marqué le XXe siècle*, André Versaille, 2008.
CAMPBELL Joseph, *Le héros aux mille visages* (1949), J'ai lu, 2013.
CARROLL Lewis, *Alice au Pays des Merveilles*, Le Livre de Poche, 2009.
CHARPENTIER Jacques, *Remarques sur la parole*, Lextenso, 2018.
CHURCHILL Winston, *Mes discours secrets*, Les Belles Lettres, 2018.
CHURCHILL Winston, *Discours de guerre*, Tallandier, 2022.
CIALDINI Robert, *Influence & manipulation* First, 2004.
CICÉRON, *L'affaire Verrès*, (70 av. J.-C.), Les Belles Lettres, 2015.
CICÉRON, *Rhétorique à Herennius* (86-82 av. J.-C.), Paleo, 2008.
CICÉRON, *De l'invention* (83 av. J.-C.), Les Belles Lettres, 2003.
CICÉRON, *Les trois dialogues de l'orateur* (55 av. J.-C.), A. Delalain, 1818.
CICÉRON, *L'orateur* (46 av. J.-C.), Les Belles Lettres, 2001.
CICÉRON, *Brutus* (46 av. J.-C.), Les Belles Lettres, 2003.
CICÉRON, *Tusculanes* (45 av. J.-C.), Les Belles Lettres, 2003.
CICÉRON, *Divisions de l'art oratoire – Topiques* (44 av. J.-C.), Les Belles Lettres, 2003.
CICÉRON, *Philippiques* (44-43 av. J.-C.), Les Belles Lettres, 2003.
CORDERY Stacy A., *Alice*, Penguin Books, 2008.
DELAVAUX Céline, *La voix des femmes*, De La Martinière, 2019.
DÉMOSTHÈNE, *Discours d'apparat* (351-322 av. J.-C.), Les Belles Lettres, 2003.
DÉMOSTHÈNE, *Harangues* (351-322 av. J.-C.), Les Belles Lettres, 2003.
DESCARTES René, *Discours de la méthode* (1637), Flammarion, 2016.
DOURY Marianne, *Argumentation*, Armand Colin, 2021.
DUARTE Nancy, *Vibrations*, Diateino, 2011.
DUPRÉEL Eugène, *Les sophistes : Protagoras, Gorgias, Prodicus, Hippias*, Éditions du Griffon, 1948.
EGLAL Errera, *Tous les discours de réception des prix Nobel de littérature*, Flammarion, 2013.
EHRINGER Douglas, GRONBECK Bruce E., MONROE Alan H., *Principles and Types of Speech Communication*, Scott Foresman, 1978.
ERICSSON Karl Anders, *Peak: Secrets from the New Science of Expertise*, Eamon Dolan Books Paper, 2017.
FIELD Syd, *Scénario*, Dixit, 2008.
FONTANIER Pierre, *Des figures du discours*, Flammarion, 1977.
FREREJEAN Alain, *Les grands discours des prix Nobel de la paix*, Archipoche, 2021.
GABISON Yaël, *Booster vos présentations avec le storytelling*, Eyrolles, 2012.
GALDWELL Malcolm, *Les prodiges*, Transcontinental, 2013.
GARRIGUES Jean, *Les grands discours parlementaires*, Armand Colin, 2017.

GAULET Laurent, *Le nouveau Kiki la cocotte*, First, 2017.
de GAULLE, Charles, *Les grands discours de guerre*, Perrin, 2010.
de GAULLE, Charles, *Mémoires de guerre (1954-1959)*, Pocket, 2011.
GRANT Michael et HAZEL John, *Dictionnaire de la Mythologie*, Seghers, 1975.
GRINSCHPOUN Marie-France, *L'analyse de discours*, Enrick B., 2016.
GUSCETTI Jean-Marc, *Storytelling*, Slatkine, 2011.
HALIMI Gisèle, *La cause des femmes*, Grasset, 1973.
HALIMI Gisèle, *Le procès de Bobigny*, Gallimard, 2006.
HAROCHE Charles, *Briller à l'oral pour les Nuls*, First, 2019.
HORACE, *Art poétique*, Les Caractères d'Ulysse, 2010.
HOMÈRE, *Iliade*, Flammarion, 2017.
HOMÈRE, *Odyssée*, Flammarion, 2017.
ISAACSON Walter, *Steve Jobs*, JC Lattès, 2011.
LABIAUSSE Kevin, *Les grands discours de l'histoire*, J'ai lu, 2016.
LEWIS Elias St Elmo, *Financial Advertising* (1902), Garland, 1985.
LONGIN, *Traité du sublime*, (Ier siècle apr. J.-C.), Le Livre de Poche, 1991.
MAINGUENEAU Dominique, *Les termes clés de l'analyse de discours*, Seuil, 1996.
MAINGUENEAU Dominique, *Discours et analyse de discours*, Armand Colin, 2021.
MONROE Alan H. et al., *Principles and Types of Speech Communication* (1978), Pearson, 1999.
MORIER Henri, *Dictionnaire de poétique et de rhétorique*, Presses universitaires de France, 1989.
MORLET Christine, *Pitcher comme un pro*, Diateino, 2023.
NIETZSCHE Friedrich, *La naissance de la tragédie* (1872), Le Livre de Poche, 2013.
PASCAL Blaise, *De l'art de persuader* (1660), Mille et une nuits, 2001.
PERELMAN Chaïm et OLBRECHTS-TYTECA Lucie, *Traité de l'argumentation* (1958), Université de Bruxelles, 2008.
PERNOT Laurent, *La rhétorique dans l'Antiquité*, Le Livre de Poche, 2000.
PIOLET-FRANÇOISE Dominique, *Ces grands discours qui ont changé le monde*, Armand Colin, 2018.
PIOLET-FRANÇOISE Dominique, *50 discours qui ont marqué notre époque*, Armand Colin, 2019.
PLATON, *Ménon*, (390-385 av. J.-C.), Flammarion, 1999.
PLATON, *Gorgias* (390-385 av. J.-C.), Flammarion, 2018.
PLATON, *Phèdre* (385-370 av. J.-C.), Flammarion, 2020.
PLATON, *Théétète* (370-358 av. J.-C.), Flammarion, 2016.
PLATON, *La République* (315 av. J.-C.), Flammarion, 2016.
PLINE L'ANCIEN, *Histoire naturelle* (77 apr. J.-C.), Les Belles Lettres, 2003.
PLUTARQUE, *Vies parallèles* (100-120 apr. J.-C.), Les Belles Lettres, 1982.
PLUTARQUE, *Œuvres morales* (72-126 apr. J.-C.), Les Belles Lettres, 1988.
PROPP Vladimir, *Morphologie du conte* (1928), Points, 2015.
QUINTILIEN, *Institution oratoire* (92 apr. J.-C.), Les Belles Lettres (7 tomes), 1975.
REBOUL Olivier, *Introduction à la rhétorique*, Presses universitaires de France, 2013.
SHAKESPEARE William, *Henry V* (1599), Flammarion, 2000.
SCHOPENHAUER Arthur, *L'art d'avoir toujours raison*, (1864), Librio, 2021.
SOBEL Robert, *Coolidge: An American Enigma*, Regnery Publishing, 1998
SREEDHARAN N., *Thought-Provoking Quotations*, Sura Books, 2007.
STROH Wilfried, *La puissance du discours*, Les Belles Lettres, 2010.
STRONG Edward K., *The Psychology of Selling and Advertising*, McGraw-Hill, 1925.
TACITE, *Dialogue des orateurs* (102 apr. J.-C.), Les Belles Lettres, 1986.
THUCYDIDE, *Histoire de la guerre du Péloponnèse*, Flammarion, 1937.
VANDEPITTE Florent, *Les grands discours politiques pour les nuls*, First, 2020.
VIKTOROVITCH Clément, *Le pouvoir rhétorique*, Éditions du Seuil, 2021.
VOGLER Christopher, *Le guide du scénariste*, Dixit, 2013.

Si tu as apprécié ce livre, pense à laisser un commentaire sur les librairies en ligne et sur les réseaux sociaux.

Ton opinion est précieuse, non seulement pour moi, mais pour tous ceux qui, comme toi, cherchent à améliorer leur capacité à communiquer efficacement. En partageant tes impressions sur les librairies en ligne et les réseaux sociaux, tu aides non seulement à faire connaître mes livres, mais tu contribues également à enrichir la communauté des orateurs en devenir. Chaque commentaire compte, chaque expérience partagée est un phare pour de futurs lecteurs.

Prendre quelques minutes pour **écrire un avis** est un petit geste pour toi, mais un grand soutien pour moi. C'est aussi une façon de montrer que **tu encourages la diffusion de connaissances** utiles et pratiques.

Je te remercie du fond du cœur pour ton temps et ton engagement. Ta voix compte ici autant que dans toutes les salles de conférences du monde.

Avec toute ma gratitude,
Éric Bah

MERCI POUR TON SOUTIEN

Réserve ta Box Rhétorique

Ton kit de survie en milieu oratoire

La compilation tout-terrain des Cahiers de l'Orateur pour capter l'attention, maintenir l'intérêt et pousser le public à l'action. **OFFERT !**

- 5 Manières d'Attirer l'Attention
- 5 Manières d'Établir la Connexion
- 5 Manières de Susciter l'Intérêt
- 5 Manières de Lancer le Sujet
- 5 Manières de Faire Bouger

Valeur 45,50€

SCANNE le QR code !

format PDF

Télécharge maintenant ta BOX CADEAU !